＼絵で見てわかる！／

日本人の9割が知らない

「ことばの選び方」大全《たいぜん》

日本語研究会［編］

青春出版社

はじめに

次の質問に、みなさんはいくつ答えられますか？

☑「こんどの電車」と「つぎの電車」はどちらが先に来る？
☑「1週間ごとに会う」と「1週間おきに会う」ではどちらがよく会う？
☑「急に」と「突然」は英語ならどちらもSuddenly。違いは何？
☑「流れに棹さす」ということばは、流れに逆らうこと？それとも流れに乗ること？
☑「憮然として席を立つ」は、怒っている状況？　がっかりしている状況？
☑「かげながら応援しています」の「かげ」は、影と陰、どちらを選ぶ？

ふだん何気なく使っている日本語ですが、意外にことばの使い分けを知らなかったり、本来の意味とは違うことばを選んでしまい、相手にとんでもない誤解をされることも少なくありません。

そこで、本書では、類語や関連語、間違いやすい慣用句や故事成語、漢字・熟語の意外な意味・由来・用法など、できる大人の「ことばの選び方」に役立つ知識を満載しました。

この本の「絵で見てわかる」というアイデアは、実は〝呑みの席〟で生まれたものです。今回の執筆メンバーで、日本語教師の経験をもつ一人が、日本酒の入っている枡を指さしながら、こうつぶやいたのです。

「かど（角）とすみ（隅）ってさ、こっち（外）から見れば〝かど〟で、こっち（内）から見れば〝すみ〟なんだよ」

表紙の絵をあわせてご覧いただければ、「なるほど、そういうことか」とご理解いただけると思います。

この本が、楽しく「ことばの力」を身につける一助となれば幸いです。

日本語研究会

日本人の9割が知らない「ことばの選び方」大全　目次

ことばの選び方 編

第1章 ことばの使い分けは「絵」で見てわかる！

「かど」と「すみ」はどう違う？……16
「となり」と「よこ」はどう違う？……18
「細かい」と「小さい」はどう違う？……20
「あがる」と「のぼる」はどう違う？……22
「くだる」と「おりる」と「さがる」はどう違う？……24
「急に」と「突然」はどう違う？……26
「とうとう」と「やっと」はどう違う？……28
「視線」と「目線」はどう違う？……30
「邦人」と「日本人」はどう違う？……34
「総理」と「首相」はどう違う？……36
「不況」と「不景気」はどう違う？……38
「用意」と「準備」はどう違う？……40
「平和」と「和平」はどう違う？……42
「気分」と「機嫌」はどう違う？……44
「景色」と「風景」はどう違う？……46
「日当たり」と「日だまり」はどう違う？……48
「空き箱」と「から箱」はどう違う？……50
「遺憾」「陳謝」「謝罪」はどう使い分ける？……52
「塩ひとつまみ」と「塩少々」はどちらが多い？……56
「ふた」と「せん」はどう違う？……58
「ちり」と「ほこり」はどう違う？……60
「ゆがみ」と「ひずみ」はどう違う？……62
「甘さ」と「甘み」はどう違う？……64
「むす」と「ふかす」はどう違う？……66
「ゆでる」と「煮る」はどう違う？……68
「干す」と「乾かす」はどう違う？……70
「ふれる」と「さわる」はどう違う？……72

「増える」と「増す」はどう違う？ 74
「あける」と「ひらく」はどう違う？ 76
「置く」と「乗せる」はどう違う？ 78
「結ぶ」と「つなぐ」はどう違う？ 80
「にげる」と「のがれる」はどう違う？ 82
「つかまえる」と「とらえる」はどう違う？ 84
「重い」と「重たい」はどう違う？ 86
「怒る」と「叱る」はどう違う？ 88
「学ぶ」と「習う」はどう違う？ 90
「くれる」と「あげる」はどう違う？ 92
「1日おき」と「24時間おき」は同じ意味？ 94
「四六時中」と「二六時中」はどう違う？ 96
「〜だけ」と「〜ばかり」はどう違う？ 100

第2章 日本人の半数以上が実は間違って使っていることば

「敷居が高くて入りづらい」の意味は？ 126
「流れに棹さす」は、流れに逆らうこと？
それとも流れに乗ること？ 128
「〜ので」と「〜から」はどう使い分ける？ 102
「〜ば」と「〜たら」はどう違う？ 104
「あちら」と「そちら」はどっちが遠い？ 106
「いろいろ」と「さまざま」はどう違う？ 108
「いつも」と「つねに」はどう違う？ 110
「自然に」と「ひとりでに」はどう違う？ 112
「とたん」と「瞬間」はどう違う？ 114
時間や人数が「切る」のと「割る」ではどう違う？ 116
「過密」の反対は「過疎」？ 118
「ほとんど」「大半」「かなり」一番多いのは？ 120
「かぶる」「着る」「はく」の使い分けは？ 122
手袋は「はく」？「はめる」？「着る」？ 124
「憮然とする」って、怒ってむっとしている
様子じゃないの？ 130
「勝てば官軍」の本当の意味は？ 132

「他山の石」にはしたほうがいいか、しないほうがいいか……134
「奇特な人」って変な人？……138
「枯れ木も山の賑わいだから参加して」と言われたら…？……140
「妙齢」っていくつぐらいの女性のこと？……142
「あくどい色」ってどんな色？……144
電車の運転士が言う「出発進行！」の意味は？……146
「手をこまねく」の意味、正しいのはどっち？……148
「気が置けない人」は心を許せる人？　許せない人？……150
「出がらしのお茶」は薄い？　それとも渋い？……152
「おっとり刀で駆けつける」というのは、のんびりとしている様子？……154
「帽子をあみだにかぶる」って、不良っぽいかぶり方のこと？……156
医者に言われた「姑息療法」って、ずるい治療法のこと？……158
「役不足」と「力不足」の誤用とは？……162
明日までにできれば「御の字」？すぐにできるのが「御の字」？……164
「語るに落ちる」とは、語るほどの価値がないという意味？……166
「煮詰まってくる」と、アイデアはもうすぐ出そう？　まだまだ出ない？……168
「天地無用」と書かれた段ボールに入っていたものは？……170
「濡れ手で泡をつかむ」ことが、なぜボロ儲けの意味になるの？……174
「世間ずれ」している人って、世間とどんな関係の人？……176
どんなときに「いぎたない」と文句を言われる？……178
「目を皿のようにする」とは、目を細めること？……180
「割愛する」とはどういうときに使う？……182
「うがった見方」とはどんな見方？……184

第3章　日本人なのに呼び名を知らない日本語

弁当に入っている魚型の醤油入れの名前は？……190
鍋料理を食べるときに使う
取っ手のついた小鉢をなんと呼ぶ？……191
たんすの引き戸で手をかけるところをなんという？……192
神仏へのお供え物を盛る器の名前をなんていうの？……193
神社で見るギザギザした紙の名称は？……194
「＋」「－」「÷」「×」などのマークを日本語で言えますか？……195
「二の腕」というが、どこが「一の腕」？……196
「内回り」と「外回り」は、どっちがどっち？……197
「右回り」と「左回り」は、どっちがどっち？……198
川の「左岸」と「右岸」って、どっちがどっち？……199

第4章　語源でわかった！　日本語の「なぜ？」

「うら寂しい」の「うら」って何？……204
「黒山の人だかり」って何人くらい？……206
なぜ「黒」？
土も砂も降ってこないのに、
なぜ「土砂降り」という？……208
「水無月」は梅雨どきなのに、
なぜ「水が無い月」なの？……209
「神無月」は神様がいなくなる月なの？……210
「茶色」はなぜお茶の色ではない？……212
緑色の信号なのになぜ〝青〟信号？……213
「真っ赤なウソ」ってどんな嘘？……214
「くもりがち」は言うのに、
なぜ「晴れがち」は言わないの？……215
「明日は雨模様です」の「雨模様」ってどんな模様？……216

「仰げば尊し」の歌にある
「今こそわかれめ」ってどういう意味？ …… 217
一人でもなぜ「友だち」？ …… 218
一人でもなぜ「子ども」？ …… 219
なぜ「こんにちわ」ではなく
「こんにちは」と書くの？ …… 219
「いても立ってもいられない」って、「いる」と
「立つ」の対比が変じゃない？ …… 220

漢字の選び方 編

第5章 これでスッキリ！ 間違いやすい漢字の使い分け

「影」と「陰」はどう違う？ …… 226
「町」と「街」はどう違う？ …… 228
「川」と「河」はどう違う？ …… 230
「越」と「超」はどう違う？ …… 232
「元日」と「元旦」はどう違う？ …… 234
「呆然」と「茫然」はどう違う？ …… 236
「目」と「眼」はどう違う？ …… 238
「臣」と「民」はどう違う？ …… 240
「皮」と「革」はどう違う？ …… 242
船の数え方で「隻」と「艘」は
どう使い分ける？ …… 244
気温は「計る」もの？ それとも
「測る」もの？ …… 246

第6章 日本人が答えられない漢字の常識

人に話したくなる漢字の成り立ち

虫じゃないのに、なぜ「蛙」は虫へん？ 250
なぜ、「木」を囲むと「困」る？ 252
「丼」は、なぜ「井」の中に点があるの？ 254
「道」と「首」は関係あるの？ 256
なぜ、「鼻」には自分の「自」が入っているの？ 258
「好」も「嫌」も、どうして女へん？ 260
なぜ「山」＋「鳥」＝「島」になる？ 262
「雷」は、なぜ雨の下に田んぼと書くの？ 264
なぜ、けものへんに虫で「独」りなの？ 266
なぜ「法」はさんずい？　水と関係があるの？ 268
じゃあ、なぜ動物じゃないのに「虹」は虫へん？ 270
なぜ「毒」という字の中に「母」がある？ 272
「森」は「林」より木が多い場所？ 274
「医」は、なぜ「矢」が囲まれている？ 276
なぜ、口の中に口で「回」る？ 278
結婚の「婚」のつくりは、なぜ黄昏の「昏」？ 280
なぜ「特」は牛へん？　牛と関係あるの？ 282
「鼻を干す」と、なぜ「鼾」になる？ 284
「芸」は草と関係あるの？ 286
「魚」3匹、「鹿」3頭、「羊」3頭で、一番臭いのはどれ？ 288
女へんの漢字は多い。
「女」が二人でも三人でも漢字になる？ 290

教養が試される漢字の疑問

「柿落とし」の「柿」は「かき」ではないって知ってた？ 292
なぜ、肺や腕の部首は「つきへん」ではなく
「にくづき」なの？ 294
中国では「鮎」はナマズのことってホント？ 296
拉麺（ラーメン）の「拉」は、なぜ拉致の拉なの？ 298
憂鬱の「鬱」って、なぜあんなややこしい字なの？ 300
「取」は、なぜ「耳」に「又」と書く？ 302
「葬」は、なぜ土へんではなく草かんむりなの？ 304

「荒」の中には、なぜ「草」と「亡」がある？……306
なぜ「祝」と「呪」は字が似ている？……308
帽子や椅子に「子」がつくのはなぜ？……310
「寺」は役所のことだった!?……312

第7章 「絵」で覚える熟語の意味と使い方

なぜ、この漢字を組み合わせるのか

「無数」は、数がないはずなのに、なぜ「多数」の意味になる？……314
「物色」が、なぜものを探すという意味になる？……316
フグは海にいるのに、なぜ「河豚」？……318
「羊羹」には、なぜ羊が出てくる？……320
「金に糸目をつけない」の「糸目」って何？……322
顔が青ざめてしまうのに、なぜ「赤貧」？……324
「自重する」って、なぜ「自分の重さ」と書くの？……326
「人の間（人間）」が、なぜ「人」のことを示す？……328
「着服」は、なぜ「服を着る」と書くの？……330
嫁が転ぶと、なぜ「転嫁」？……332
「図星を指す」の「図星」って、どんな星？……334
建物の完成を「落成」と呼ぶのはなぜ？……336
火葬を意味する「荼毘」って、なぜ「茶」に似た字が使われている？……338
「指南」はなぜ「南を指す」と書く？……340
「独壇場」ってどんな場所？……342
「無病息災」の「息災」の意味は？……344
油を断つことがなぜ「油断」になるの？……346
「挨拶」って、なんでこう書くの？……348
「躑躅（ツツジ）」は花なのに、なぜ足へんばっかりなの？……350
「牙城」とはどんなお城？……352
政治家がよく使う「粛々」に上から目線の意味はある？……354
「敗北」は、どうして「北」なの？……356
「魚貝」じゃなくて、なぜ「魚介」と書くの？……358
「薀蓄」は垂れる？　傾ける？……360

使い方・読み方に隠された由来
「1個」「1箇月」の「個」や「箇」の代わりに、なぜ「ケ」を使う？ 362
「甲・乙・丙・丁」は、なぜ成績や順序に使われる？ 364
文書を数えるとき「頁」と書くのはなぜ？ 366
なぜ船の名前に「丸」を付けるの？ 368
将棋の駒の「香車」や「桂馬」ってどんな車や馬のこと？ 370
「大丈夫」というのは、人のことを指すの？ 372
鍛冶屋の「冶」は、なぜさんずいの「治」じゃないの？ 374
「春日」と書いて、なぜ「かすが」と読む？ 376
「九十九」と書いて、なぜ「つくも」と読む？ 378
「服部」と書いて、なぜ「はっとり」と読む？ 380

ことば力チェッククイズ

Q1 「こんどの電車」と「つぎの電車」はどっちが先に来る？ 31
Q2 仕事を「おざなり」にするのと「なおざり」にするのでは、マシなのはどっち？ 53
Q3 「1週間ごとに会う」と「1週間おきに会う」では、どちらがよく会う？ 97
Q4 「流れに掉さす」にふさわしいのは？ 137
Q5 「奇特」の間違った使い方は？ 147
Q6 「あくどい」の間違った使い方は？ 160
Q7 「他山の石」の正しい使い方は？ 161
Q8 「役不足」の正しい使い方は？ 172
Q9 「～然」にふさわしいことばは？ 173
Q10 「割愛」の間違った使い方は？ 186
Q11 「語るに落ちる」にふさわしい状況は？ 187
Q12 「またいとこ」って、「いとこ」のそのまた「いとこ」のこと？ 200
Q13 「願わくば」と「願わくは」のどっちが正しい？ 221
Q14 間違いやすい漢字クイズ 247
Q15 基本の慣用句クイズ 271
Q16 間違いやすい慣用句クイズ 291
Q17 間違いやすい熟語クイズ 361

カバー・本文イラスト　坂木浩子
本文デザイン・ＤＴＰ　リクリデザインワークス
編集協力　二村高史

ことばの選び方編

ふだん使っているのに、意味の違いや使い分けをうまく説明できない、
間違った意味で使いがち、誤解しがち…
そんなことばや表現のポイントを豊富なイラストで解説しました。
楽しく読んで、ことばを選ぶ力を身につけましょう。

第1章

ことばの使い分けは「絵」で見てわかる！

「かど」と「すみ」はどう違う?

どちらも英語ではコーナー（Corner）だが、「重箱のかどをつつく」のは変、「豆腐のすみに頭をぶつける」のはかなり難しい。

【かど（角）】

【すみ（隅）】

▶ 角張っているもの（ところ）を、内側から見ると「すみ」、外側から見ると「かど」。

「となり」と「よこ」はどう違う？

「私の隣に田中さんがいる」と「私の横に田中さんがいる」は同じ。でも、「東京駅の隣は有楽町駅だ」は言えるが、「東京駅の横は有楽町駅だ」とは言えない。なぜ？

【となり（隣）】

【よこ（横）】

▶「横」と言うときは、物理的に接している場合のように、すぐそばにある場合に使える。それに対して、「隣」と言うときは、同じくくり（種類）のもので一番近いものを指す。だから、同じ駅でも「新幹線の駅」というくくりならば、「東京駅の隣は品川駅だ」と言える。

「細かい」と「小さい」はどう違う？

「細かい字が見えない」と「小さい字が
見えない」は同じ意味のようだけど……。
「細かい虫」だとどう？

【細かい】

【小さい】

▶「小さい」もの（字や虫）が“たくさん”あると「細かい」と言う。
「小さい虫が1匹いる」とは言っても、
「細かい虫が1匹いる」とは言わない。

「あがる」と「のぼる」はどう違う？

「富士山にのぼる」とは言っても、「富士山にあがる」は違和感がある。反対に、「教壇にあがる」とは言っても、「教壇にのぼる」とはあまり言わない。

【あがる（上がる）】

【のぼる（登る、上る、昇る）】

▶「あがる」は、それほど苦労をしないで上に達する。「のぼる」は、時間や体力を使って、苦労をして上に達する。「富士山にあがる」というと、イメージするとしたら、ヘリコプターやエレベーターで頂上に達する感じ？

「くだる」「おりる」「さがる」はどう違う？

上に向かうのは「あがる」と「のぼる」。
下に向かうのはその反対に対応しているかと思ったら、「くだる」「おりる」「さがる」の３つもあるから、ややこしい。

【くだる（下る）】

【おりる（下りる、降りる）】

▶「くだる」は「のぼる」の反対。「山をくだる」「長い階段をくだる」のように、時間や手間がかかる場合に使う。
「あがる」の反対が「おりる」と「さがる」。「おりる」に比べて、「さがる」はせいぜい二、三歩程度のときに使うことが多い。「階段を一階までさがる」とは言わないが、「階段を一段さがる」ならＯＫ。

「急に」と「突然」はどう違う？

英語ならば、どちらもSuddenly。「うちの甥《おい》は、急に体が大きくなった」と言うと育ち盛りだなと思うけれど、「うちの甥は、突然体が大きくなった」と言われると、びっくりしませんか。

【急に】

【突然】

▶「急に」も「突然」も、大きく変わることを示している点は同じだが、「急に」が連続的に変わるのに対して、「突然」はある時点で一気に変わることを示している。

「とうとう」と「やっと」はどう違う？

英語では、どちらもFinaly。「とうとう頂上にたどりついた」でも、「やっと頂上にたどりついた」でも同じだけど…。

【とうとう】

【やっと】

▶ どちらも、長い時間たった結果どうなったかを表すが、「やっと」には期待や安堵の気持ちが含まれている。「長らく闘病を続けてきた姑《しゅうとめ》が、昨夜とうとう息を引き取りました」なら問題ないけれど、「昨夜やっと息を引き取りました」なんて口走ったら大問題！

「視線」と「目線」はどう違う？

「視線《しせん》」も「目線《めせん》」も、目がどこを向いているか、その方向をいうことばに思えるけれど、どう使い分ける？

▼「目線」は比較的新しくできたことば。テレビやファッション写真などの業界で「こちらに目線をください」というような形で使われていたのが一般化した。特定のものを見ていなくても使える。つまり、何を見ているかでなく、目の向きが大切。カメラマンが「目線をもっと上に」と言うときは、何か上にあるものを見ろというのではない。目の向きを上にしろという意味。

「視線」というのは、見ている対象物があることを前提としている場合が多い。「○○さんの視線を感じる」という言い方も、その人が自分（という対象物）を見ていることが前提となっている。

ことば力チェッククイズ

Q1 「こんどの電車」と「つぎの電車」はどっちが先に来る？

ある私鉄駅のホームで、列車の行き先を示す電光表示に、

「こんどの電車　○○行き」
「つぎの電車　××行き」

とあった。
いったい、どっちが先に来るの？

A1 こんどの電車

「こんど（今度）」は、現在から一番近いものを示す。

「今度の試験は難しかった」（過去）
「今度の台風は大きい」（未来）

それに対して「つぎ（次）」は、ある時点を基準にしてそれに続くものを指す。

「つぎは僕の番だ」（現在が基準）
「失敗しても、つぎがある」（失敗した時点が基準）

だから「こんどの電車」と「つぎの電車」が両方書かれていれば、このときの「つぎ」は「こんどの電車」を基準にしているため、「こんどの電車」が先に来る。

【こんど（今度）】

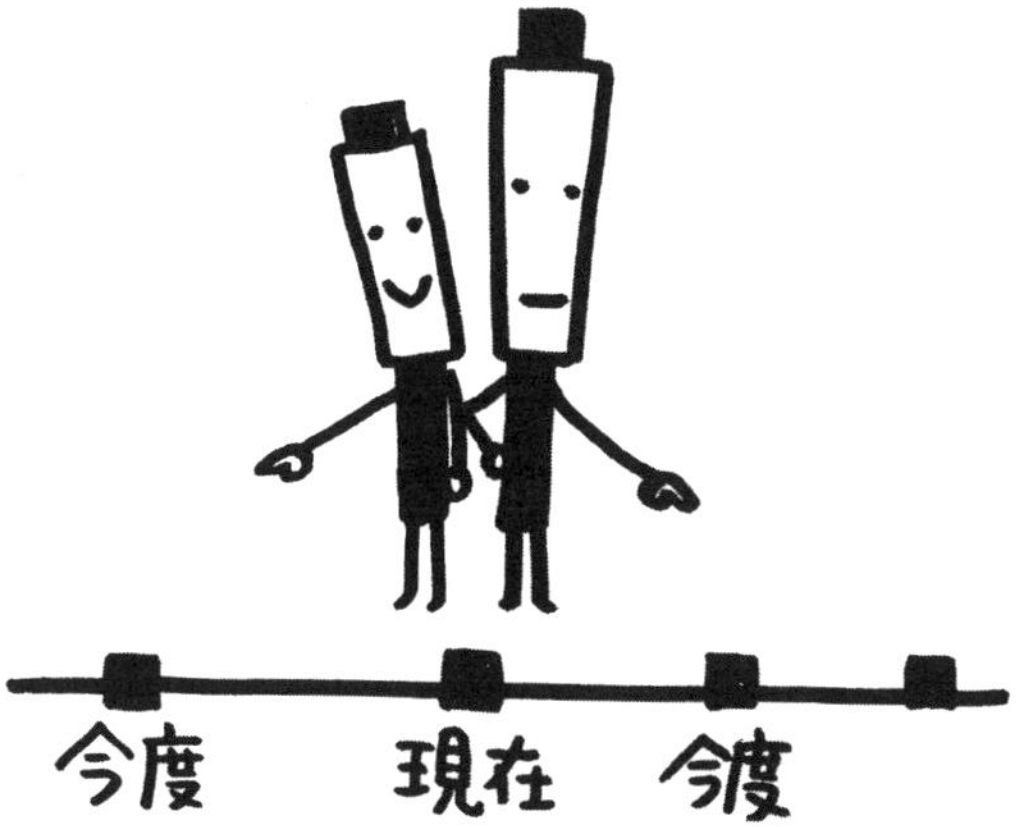

【つぎ（次）】

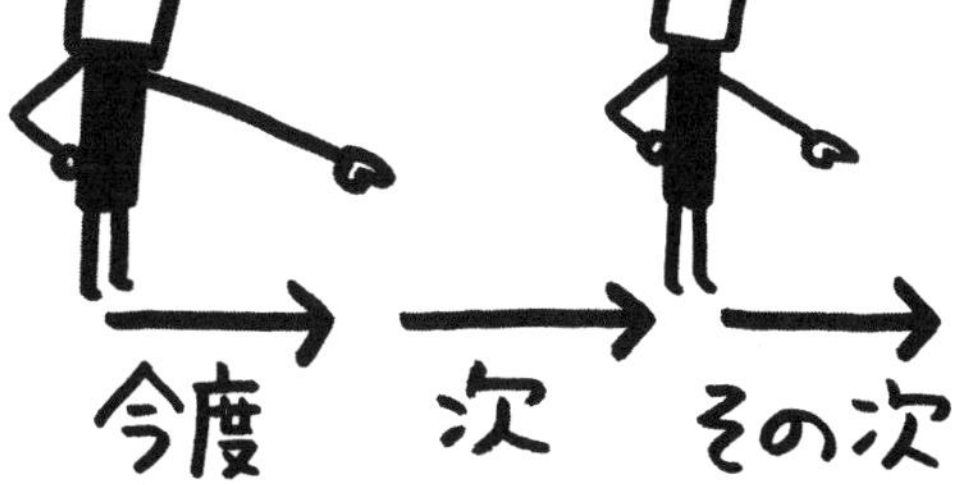

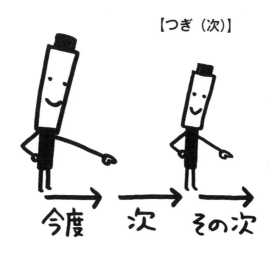

「邦人」と「日本人」はどう違う？

外国で事故や事件が起きると、よくニュースに登場することばが「邦人」。「日本人」と「邦人」とは同じように見えるけれど…

【邦人】

【日本人】

▶「外国にいる日本人」であることを強調するときに「邦人」ということばを使う。

「総理」と「首相」はどう違う？

新聞やニュースによって「総理」を使ったり「首相」を使ったりするのはなぜ？　じつは、記者にとっては字数を節約するのに便利な用語でもあるのだ。

【総理】

【首相】

▶「首相」は日本だけじゃなくて、イギリスにも中国にも韓国にもロシアにもいる。でも、「総理」といえば日本の首相のこと。だから、いちいち姓を書かなくても「総理」だけで、日本の首相のことだとわかるので便利なことばなのだ。

「不況」と「不景気」はどう違う？

「うちの会社は不景気なのか“節約”ばかり言われる」とか、「不景気な顔をするなよ」とは言うが、これを「不況」に置き換えるとおかしい。どう使い分ければいいのか？

【不況】

【不景気】

▶「不況」は社会的な現象を指している。だから、日本全体の話や、少なくともある地域全体の話のときに使う。それに対して、「不景気」は、そうした社会的な現象にも使えるし、個々の会社や個人の状態にも使えるのが大きな違い。「不景気な〜（店、会社、顔）」という言い方はできるが、「不況な〜」とは言えない。

「用意」と「準備」はどう違う?

「出かける用意」と「出かける準備」は同じような意味だけど、「用意、ドン！」は言っても、「準備、ドン！」になったらかなり変。どこが違うのか？

【準備】

【用意】

▶ 一般的に、「準備」のほうが「用意」よりも大がかり。ロケット打ち上げの「準備」のように、手間だけでなく時間も必要。イギリス留学の「準備」なら語学の勉強やビザ取得など何か月も必要な感じがするが、イギリス留学の「用意」となると、日用品を買ったり荷物をバッグに収めたりするような印象を受ける。

「平和」と「和平」はどう違う？

熟語の順序を入れ替えると意味がまったく違ってくるものもある。「平和」と「和平」は似ているようだけど、どこか違う。

【平和】

【和平】

▶「平和」は“争いのない状態”を示すことば。だから、「平和条約」はそうした状態を保つための条約のこと。それに対して「和平」は、争っていた当事者（主に国家）が、“争いのない状態に移行する”ことを表すのが一般的。したがって、「和平交渉」は交戦国が戦争をやめるための交渉を指す。

「気分」と「機嫌」はどう違う？

２つとも似たような意味だけど、なんか違う。「私は気分が悪い」は言うけれど、「山田さんは気分が悪い」はおかしい。この違いを、どう説明すればいい？

【気分】

【機嫌】

▶「気分」が本人にしかわからない心持ちを表現しているのに対して、「機嫌」は表情や態度など、外からうかがいしれるその人の心持ちのことを指すことが多い。

だから「山田さんは気分が悪い」は「山田さんは気分が悪そうだ」ならばＯＫ。「私は機嫌が悪い」というのは「今の私は、気分の悪さが態度に出るから気をつけて！」という意味で使われる。

「景色」と「風景」はどう違う？

山々が連なる様子を見て、「いい景色だなあ」とも言うし、「いい風景だなあ」とも言う。でも、「心に残る風景」ということばはしっくりくるのに、「心に残る景色」というと安っぽい印象を受けるのはなぜ？

【景色】

【風景】

▶「色」という漢字には、形あるものという意味もある。だから、「景色」は表面に見えている様子が中心。それに対して「風景」の「風」には「おもむき」の意味がある。だから、表面的な様子に加えて、見ている人の感情や心が含まれる。したがって、見た目はよくなくても、「いい風景だ」と感じることもよくあるのだ。

「日当たり」と「日だまり」はどう違う？

ぽかぽかと暖かい場所を連想する
二つのことば。違いを言えますか？

【日当たり】

【日だまり（日溜まり）】

▶「日当たり」は、太陽の光がどのくらい射しているのか、その程度や具合を言うことば。だから、「日当たりがいい／悪い」のどちらも言う。日当たりがいい“場所”のことを「日だまり」と呼ぶ。文字通り「日が溜まっている」という意味で、「公園の日だまり」というように、具体的な場所を示している。

「空き箱」と「から箱」はどう違う?

「お菓子の空き箱」と「お菓子のから箱」は、どちらも中身のお菓子がないという点では同じ。でも、「みかんの空き箱に雑誌を保存してある」は言うけれど、「みかんのから箱に雑誌を保存してある」が不自然に聞こえるワケは……?

【空き箱】

【から箱（空箱）】

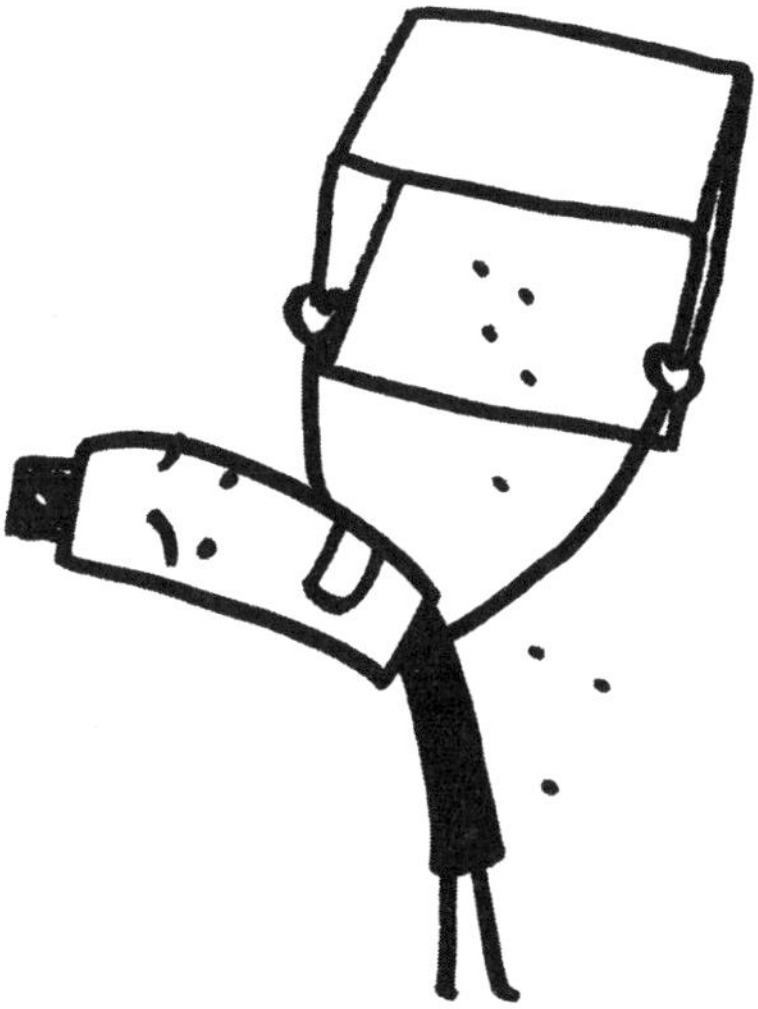

▶「空き箱」は「本来入っていた中身が、今はなくなった箱」のこと。だから、ほかのものを入れても問題なく「空き箱」と言える。それに対して、「から箱」というと、「（どんなものであっても）何も入っていない箱」のこと。だから、何かを入れた時点で「から箱」ではなくなるわけだ。

「遺憾」「陳謝」「謝罪」はどう使い分ける？

謝るときに、「まことに遺憾に思います」「ひらに陳謝いたします」「心から謝罪します」などと言うけれど、どう使い分ければいいの？

▼政治家がよく使う「遺憾に思う」という言葉は、「憾《うら》みを遺《のこ》す」という意味で、「憾み」とは「残念な気持ち」「不満な心」といった意味。そこで、他人の行動に使うと非難になり、自分の行動に使うと謝罪の意味になりうる。

でも、もともとの字に謝罪が含まれないので、実際は「不本意」に近い。謝っているように見えて、実は謝っていないという「便利な」ことばだ。

ことば力チェッククイズ

Q2

仕事を「おざなり」にするのと「なおざり」にするのでは、マシなのはどっち？

庭の掃除を頼まれたAさん。見えるところだけチャッチャッときれいにして終わらせた。

掃除をおざなりにした

掃除をなおざりにした

この場合、どちらが正しいだろうか？

A2 おざなり

「おざなり」と「なおざり」はどちらも「いい加減だ」という点では共通しているが意味が違う。

「おざなり」は「適当にやって終わらせる」様子を示し、「なおざり」は「手を加えずに放っておく」様子を示す。

「仕事をなおざりにする」は、そもそも仕事をやっていない意味になる。

「おざなり」の語源は、江戸時代、宴会のお座敷を表面的にとりつくろう様子に由来しているとされている（「お座」に「様子を表す〝なり〟」がついた）。

「なおざり」は、一説に古文の「なほ＋あり」が変化したものと考えられている。だから、「まだある」、つまり「そのままにして、放っておく」という意味になる。「なお＋去り」という説もある。

【おざなり】

【なおざり】

「塩ひとつまみ」と「塩少々」はどちらが多い？

料理番組を見ていたら、「塩ひとつまみ」と「塩少々」と出てきたが、どちらが塩気が多くなるのだろう。

【塩ひとつまみ】

【塩少々】

▶「塩ひとつまみ」は、親指、人差し指、中指の３本の指先でつまんだ分量。
「塩少々」は、親指と人差し指の２本の指先でつまんだ分量。「塩ひとつまみ」よりも３割から５割ほど少なくなる。

「ふた」と「せん」はどう違う?

「ボトルにふたをする」とも「ボトルにせんをする」とも言うが…。風呂の場合、ふたとせんの両方がある。それぞれ用途が違う。

【ふた（蓋）】

【せん（栓）】

▶ 外側に開いている口をふさぐのが「ふた」。水や空気がもれないように押し込むのが「せん」。「ふた」は上からかぶせるものが多いが、横に開くものもある。「ふた」のうちで、気体や液体がもれないように閉じるものが「せん」と考えるといい。

「ちり」と「ほこり」はどう違う？

掃除をサボると、すぐにたまってしまうのが「ちり」や「ほこり」。同じようなものに思えるけれど、どこが違う？

【ちり（塵）】

【ほこり（埃）】

▶ 目で見て形がわかるものが「ちり」。これに対して、形がわからないくらい小さく、しばしば空中を漂っているのが「ほこり」。ちなみに、数の小さい単位を漢字で「分、厘、毛、糸、忽、微、繊、沙、塵、埃……」と表すが、「塵」は10億分の1、「埃」は１００億分の１を意味する。

「ゆがみ」と「ひずみ」はどう違う？

漢字で書くと、どちらも「歪み」で送り仮名まで同じ。「塀にぶつかってバンパーがゆがんでしまった」と「塀にぶつかってバンパーがひずんでしまった」は、どこか違うところある？

【ゆがみ（歪み）】

外から見えるのは「ゆがみ」

【ひずみ（歪み）】

▶ 一般的に、外面的な変形に「ゆがみ」、外から見えにくいアンバランスに「ひずみ」を使うことが多い。「ものがゆがんで見える」とは言うが、「ものがひずんで見える」とはあまり言わない。また、「このステレオは音がひずんでいる」とは言うが、「このステレオは音がゆがんでいる」とは言わない。

「甘さ」と「甘み」はどう違う？

どちらも「甘い」という形容詞が名詞になったもの。ただ、ブラックコーヒーでは「甘み」があることもあるが、「甘さ」があるとは言わない。西瓜《すいか》に塩をかけると、「甘さ」が増すことはないが、「甘み」は増す。

【甘さ】

【甘み】

▶「甘さ」というと、砂糖の味のような“本当に”甘いことを指すのが一般的。だが、塩味や苦い食べ物でも、素材の味や料理の工夫などによって、味の中にまろやかさが出てきて、「甘み」を感じることがある。

「むす」と「ふかす」はどう違う？

どちらも漢字は同じ「蒸」を使う。「さつま芋をふかす」というとほくほくとしておいしそうだが、「さつま芋をむす」というとなんか固そう。逆に、「シュウマイをむす」のはいいけれど、「シュウマイをふかす」というと、ものすごく柔らかくなるように感じる。

【ふかす（蒸かす）】

【むす（蒸す）】

▶ どちらも蒸気（湯気）で温めるのは同じ。ただし、「ふかす」は、主に蒸気とその圧力によって材料を柔らかくする調理法。「むす」は、主に蒸気とその“熱”によって調理する方法。だから、「蒸し風呂」が「蒸かし風呂」になったら、なかに入っている人間がふにゃふにゃになりそうに聞こえる。

「ゆでる」と「煮る」はどう違う?

「おでんを煮る」とおいしそうだけど、「おでんをゆでる」のは味気ない感じ。そして、「卵をゆでる」と「卵を煮る」は、どちらも言うけれども、できる料理が違う。

【煮る】

【ゆでる（茹でる）】

▶ どちらも食べ物を湯に入れるというところまでは同じ。大きな違いの一つは、「煮る」は水分が料理の一部になるのが普通だが、「ゆでる」は水を捨てることにある。おでん、シチュー、鍋物は「煮る」。野菜、乾物は「ゆでる」。また、「ゆで卵」と「煮卵」の違いのように、「煮る」は味付けをすることで材料に味がしみ込んで、味や色がついてくる。

「干す」と「乾かす」はどう違う?

「洗濯物を干す／乾かす」は同じ意味だが、「布団を干す」は言っても「布団を乾かす」とは言わないのはどうして？

【干す】

【乾かす】

▶「乾かす」は、濡れているものから水分を完全に取り除く行為。「干す」は光や風に当てる行為を指し、着物やたたみなど、濡れていないものを干してもかまわない。だから、「干して乾かす」は言うけれど、「乾かして干す」とは言わない。

「ふれる」と「さわる」はどう違う?

どちらも英語だとタッチ（Touch）。漢字も同じ「触」を使う。でも、満員電車で「女性の体にふれる」のは大丈夫だが、「女性の体をさわる」のは大問題。

【ふれる（触れる）】

【さわる（触る）】

▶「ふれる」と「さわる」の違いは、意識しているかどうかにある。「ふれる」は、意識している場合もしていない場合も使える。それに対して、「さわる」は意識して接触している。
（類語に「なでる」があるが、これは手や道具などを動かしながら、表面を軽く「さわる」こと）

「増える」と「増す」はどう違う？

どちらも「増」という漢字を使うので、意味はほぼ同じ。だが、「スピードが増す」は言っても「スピードが増える」は間違い。
「都会でネズミが増える」はいいが、「都会でネズミが増す」はあまり言わない。

【増える】

【増す】

▶「増える」は数えられるものに使うことが多い。だから、「貯金が増える」「顧客が増える」はＯＫ。「増す」は程度を表す場合に使うことが多く、「人気が増す」「勢いが増す」などに使う。量を表す場合には、「仕事量が増える」「仕事量が増す」のように、どちらでも使える。

「あける」と「ひらく」はどう違う？

「窓を開ける」と「窓を開く」は同じ動作を指している。でも、「缶詰を開ける」とは言っても、「缶詰を開く」とはあまり言わないのはなぜ？

【あける（開ける）】

「開ける」はふさいでいるものを取り除くこと
キコ
キコ
CAN

【ひらく（開く）】

▶「開く」は、たたまれたり閉じたりして中身が見えないものを広げて、中身が見えるようにすること。

一方、「開ける」には「広げる」動作はなくて、缶詰やバッグ、蛇口など、ふさいでいるものを取り除いたり、どかしたりする。だから、「バッグを開く」というと、ふたやファスナーを開けるだけでなく、中身が見えるように大きく広げる印象を受ける。

「置く」と「乗せる」はどう違う?

「本を棚の上に置く」と「本を棚の上に乗せる」は同じ動作。でも、「本を床に置く」とは言っても、「本を床に乗せる」のは変。

【置く】

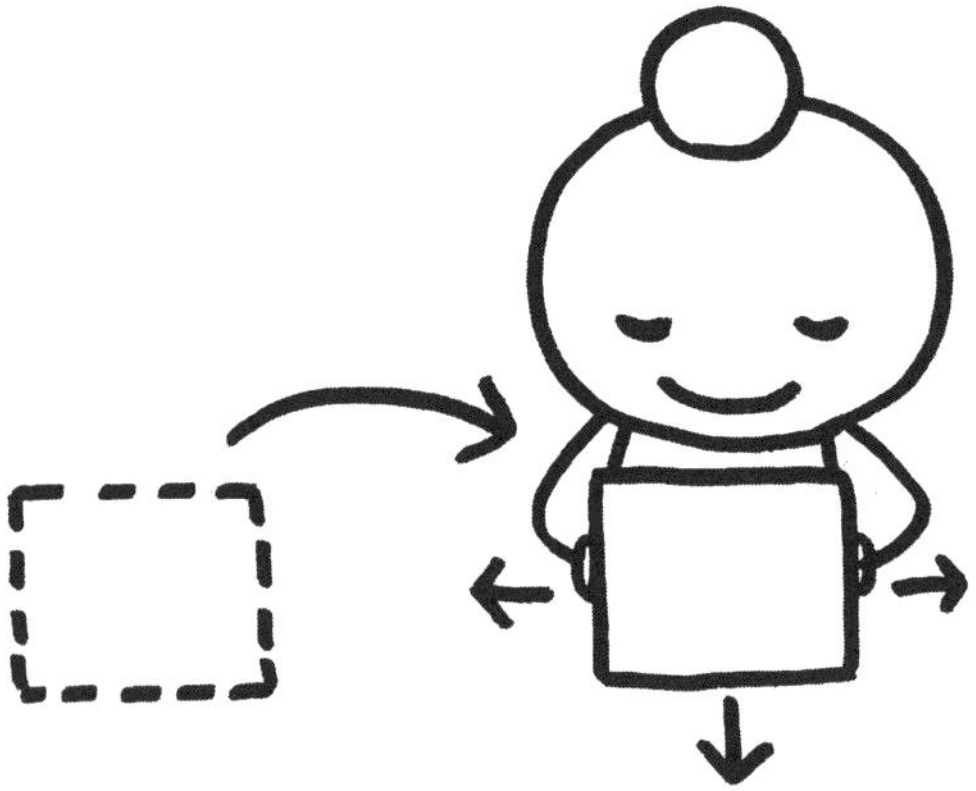

【乗せる（載せる）】

▶ 物を違う場所に動かすという点では同じ。ただし、「置く」はその場所がどこであっても使えるのに対して、「乗せる」は高さのある場所に動かす場合に使う。高さがなくても、別の物の上に動かす場合ならいい。床の上にお盆が置いてあれば、「皿をお盆の上に乗せる」と言える。

「結ぶ」と「つなぐ」はどう違う？

「都心と郊外を鉄道で結ぶ」と「都心と郊外を鉄道でつなぐ」は似たような意味だ。はたして違いは何？

【結ぶ】

【つなぐ（繋ぐ）】

▶ 一つの違いとして、「つなぐ」のほうが「結ぶ」よりも、ほどけにくく固い。「この貨物列車は16両の貨車がつながっている」と「16両の貨車が結んである」を比べるとわかる。また、「つなぐ」は次から次へとプラスしていく意味も含まれている。「駅伝のランナーがたすきをつなぐ」というと、どんどんバトンタッチしていく様子が思い浮かぶ。「駅伝のランナーがたすきを結ぶ」では、まるで二人三脚で走るような印象だ。

「にげる」と「のがれる」はどう違う？

「追手から逃げる」と「追手から逃れる」は、どちらも「逃」という漢字を使っているが、どこが違うか説明できますか？

【にげる（逃げる）】

【のがれる(逃れる)】

▶「逃げる」というのは、自分にとって好ましくない人やことがらに捕まらないよう、“進んで”遠ざかること。「逃れる」は、「逃げる」の意味以外に、積極的に動かなくても自然と相手が遠ざかってくれた場合にも使える。「面倒な仕事から逃げる」と「面倒な仕事から逃れる」では、後者はラッキーな経緯があって仕事をしなくて済んだという場合にも使える。

「つかまえる」と「とらえる」はどう違う？

たとえば、「泥棒を捕まえる」と「泥棒を捕らえる」はどちらも同じ漢字を使うが、どう使い分けている？

【つかまえる（捕まえる）】

【とらえる（捕らえる）】

たまたま「とらえる」

「捕まえる」は手段をつくして手間をかけて取り押さえたが、「捕らえる」はたまたま（あるいはそれほどの面倒なく）取り押さえたというニュアンスがある。だから、「泥棒を捕らえてみればわが子なり」というのは、「思ってもみなかったことに、自分の子どもだった！」という驚きの気持ちがこもる。

「重い」と「重たい」はどう違う?

バッグなら「重い」も「重たい」もほぼ同じ意味。
しかし「その発言は内容は非常に重い」とは言うけれど、「その発言の内容は非常に重たい」はちょっと変。

【重い】

【重たい】

▶「重い」は実際に重量がある場合でも、比喩的な意味（心にずしんとくる）でも使われる。それに対して、「重たい」を使うのは実際に重量がある場合がほとんど。また、「重たい」のほうが口語的で、文章ではあまり使わない。

「怒る」と「叱る」はどう違う？

子どもに対してなら、「怒る」も「叱る」も使える。でも、政治家や芸能人の発言に対して「怒る」とは言うけれど、「叱る」というと不自然なワケは？

【怒る】

【叱る】

▶「怒る」はその人の感情を表す。だから、世間の風潮に対して怒るように、一人でも怒ることができる。
「叱る」には相手が必要。「子どもを叱る」「部下を叱る」というように、目下の者をいい方向に導こうという気持ちが含まれる。感情的に怒ってはいないけれど、本人のためにあえて叱ることもある。

「学ぶ」と「習う」はどう違う？

「学校で書道を学ぶ」「学校で書道を習う」は、どちらも使う。でも、「昔話で人生を学ぶ」とは言うけれど、「昔話で人生を習う」は違和感がある。どう使い分けられる？

【学ぶ】

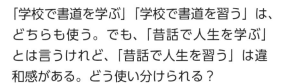

【習う】

▶「習う」というのは、先生や師匠、コーチなどに直接教えを 受けるときに使う。「学ぶ」は直接教えを受けるときだけでなく、本を通じて自主的に勉強したり、普段の生活から自然と身についたりする場合にも使える。

「くれる」と「あげる」はどう違う?

孫にお年玉を「くれる」と「あげる」はほぼ同じ。そこである外国人が、「山田さんが私に自転車をあげました」と言ったけれども、これは不自然なのはなぜ?

【くれる】

【あげる】

▶もともと「くれる」は目上から目下に、「あげる」は目下から目上に物を渡す場合に使う。そこから判断して、「くれる」は他人から自分（身内）に対して、「あげる」は自分（身内）から他人に物を渡す場合や、自分とは関係ない場合に使うと考えるといい。

「1日おき」と「24時間おき」は同じ意味？

1日＝24時間。だったら、「1日おきに風呂に入る」と「24時間おきに風呂に入る」は同じになるはずだが……。

【1日おきに風呂に入る】

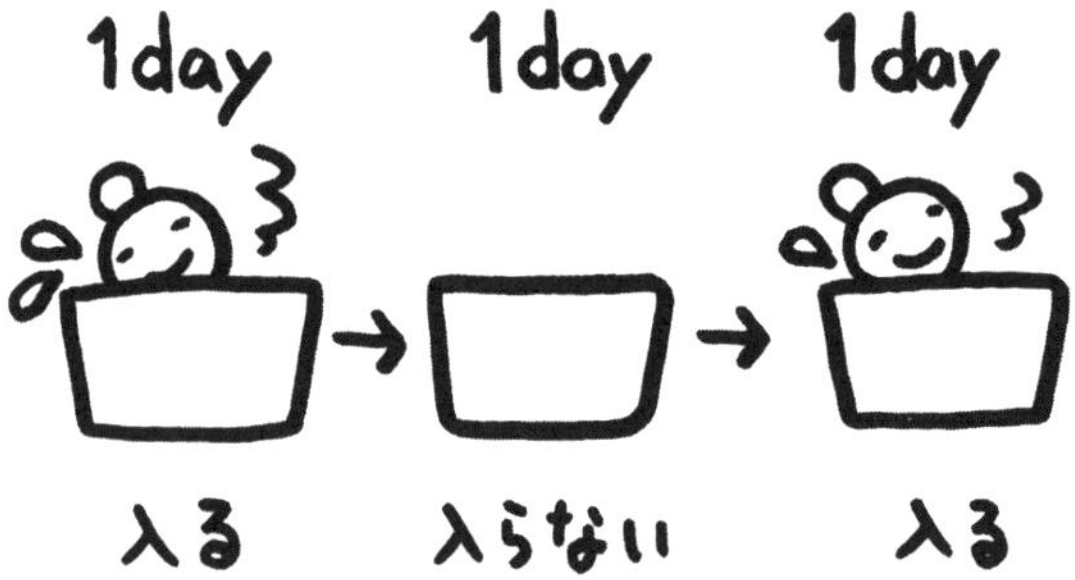

【24時間おきに風呂に入る】

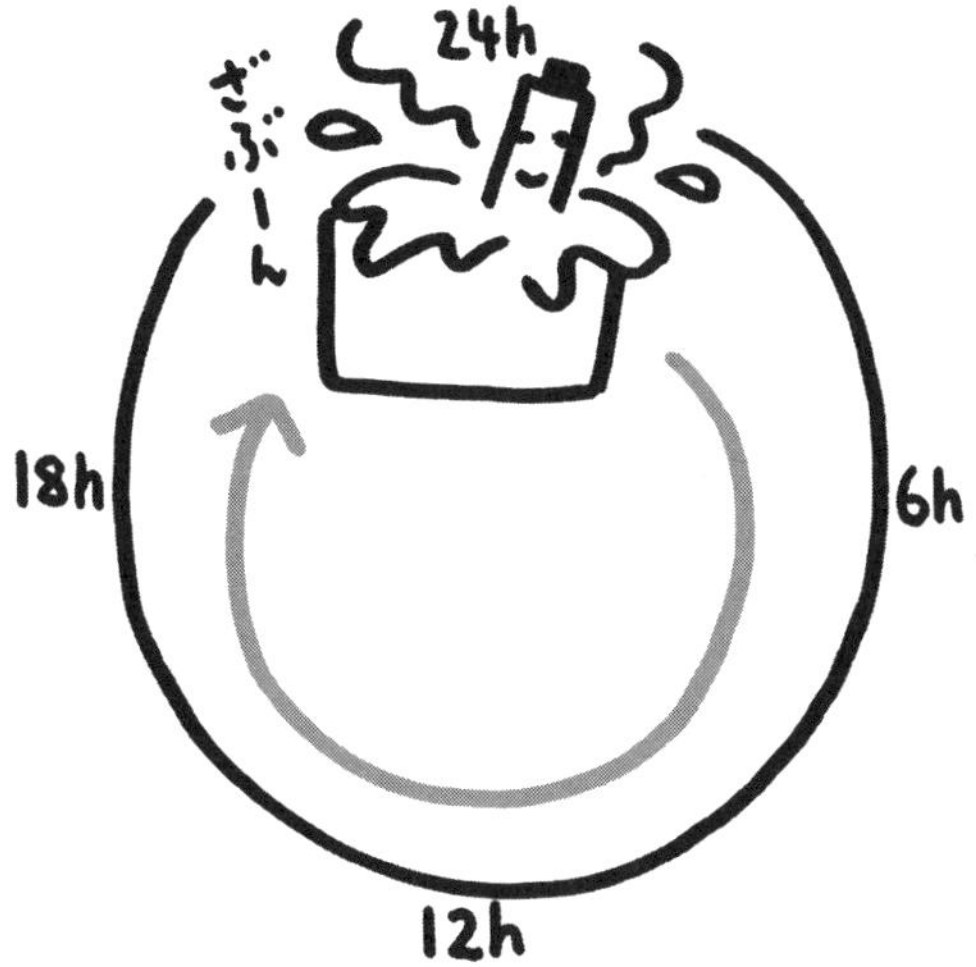

▶「1日おきに風呂に入る」は、入る日と入らない日が交互にくる。「24時間おきに風呂に入る」は「毎日入る」という意味になるのは、時間のとらえ方が違っているから。「1日おき」は日単位で考えているため、「あいだに1日置く」という意味になる。「24時間おき」は時間単位に考えているため、「あいだに24時間置く」つまり「24時間たったら風呂に入る」、つまり毎日という意味になるわけだ。

「四六時中」と「二六時中」はどう違う？

部長はよく、「オレたちの学生時代は二六時中マージャンをしていたよ」と言っているけれど、四六時中の間違いでは？

▼そもそも、なぜ「四六時中《しろくじちゅう》」が「いつも」「ずっと」という意味になるかというと、4×6＝24（時間）になるため、「一日中」を意味するわけだ。しかし江戸時代は、1日を子《ね》の刻《こく》、丑《うし》の刻《こく》のように、十二支をもとにして12の刻限に分けていたために、当時は「二六時中《にろくじちゅう》」（2×6＝12）で「一日中」を意味した。

同じ意味のことばだが、「二六時中」が伝統的な言い方、「四六時中」は新しい言い方というわけ。「二六時中」だからといって、半日だけマージャンをしていたという意味ではないのだ。

ことば力チェッククイズ

Q3

「1週間ごとに会う」と「1週間おきに会う」では、どちらがよく会う？

AさんとBさんが両親とどれくらいの頻度で会っているか話している。

Aさん「1週間ごとに会いに行くよ」
Bさん「うちは1週間おきに会ってる」

では、AさんとBさん、両親と会う回数が多いのはどちらだろうか？

A3 1週間ごとに会う

「ごと」という場合、その期間をひとまとまりに考えるといい。

「1週間ごとに会う」というと、「1週間」のなかで1回ずつ会うという意味。

「おき」とは、その期間を「置く（←置き）」ということ。

だから、「1週間おきに会う」というと、1回会ったら次の1週間をあいだに置いて、次回は2週間目に会う意味になる。

同様に、

「一か月おきに会議があります」

と言われたら、次の会議は1か月後だろうか。2か月後だろうか。

この場合、「ふた月に一度」という意味になり、次の会議は2か月後が正解になる。

【〜おき】

一週間おきに会う
＝
隔週 every other week

【〜ごと】

一週間ごとに会う
＝
毎週 every week

「〜だけ」と「〜ばかり」はどう違う？

海に向かって叫んでみても、返ってくるのは……「波の音だけ」でも「波の音ばかり」でも同じ。でも、「うちの子は甘いものばかり食べている」なら大丈夫だけど、「甘いものだけ食べている」というのはちょっと危険！

【〜だけ】

【〜ばかり】

▶「〜だけ」はそれ以外にないことを示すが、「〜ばかり」はそれ以外にもありうる。つまり、「〜だけ」のほうが限定の意味が強い。

「〜ので」と「〜から」はどう使い分ける?

どちらも理由を示すことば。でも、客先への電話で「事故で道がこんでいるので10分ほど遅れます」はいいけれど、「事故で道がこんでいるから、10分ほど遅れます」というのはちょっと失礼な印象があるのはなぜ?

【〜ので】

【～から】

▶「～ので」のほうがやや公式的で、「～から」は本人の主張を主観的に述べているときに用いられやすい。だから、文章やビジネスでの会話には「～ので」を使うことが多く、親しい人との会話には「～から」を使うことが多い。

「〜ば」と「〜たら」はどう違う？

どちらも仮定の意味を持つことば（助詞）。でも、「本物かどうか食べればわかるよ」「本物かどうか食べたらわかるよ」はまったく同じ意味？

【〜ば】

食べれ「ば」わかる
ホンモノ？
ニセモノ？
「ば」は食べる前にしか使えないよ

【〜たら】

▶ その動作をする（その出来事が起きる）前ならば、どちらも同じように使える。ところが、その動作をした（その出来事が起きた）あとでは、「〜ば」は使えず、「本物かどうか食べればわかった」とは言えない。

「あちら」と「そちら」はどっちが遠い？

普通に考えれば、「そちら」より「あちら」のほうが遠い。でも、東京からロンドンの知人に電話で、「そちらの天気はどうですか？　北京の友人に聞いたら、あちらは寒い日が続いているようですよ」。ロンドンより北京のほうが東京から遠い？

【あちら】

【そちら】

▶ 小学校で習った「こそあどことば」。「こ」は近くで、「そ」は中くらい、「あ」は遠いものを指すと習った人も多いのでは？しかし、「そちら」は、自分から遠く相手に近い場所、「あちら」は、どちらからも遠い場所を指す。

「いろいろ」と「さまざま」はどう違う？

「いろいろな考え方がある」と言っても「さまざまな考え方がある」と言っても、意味していることは変わらないように思える。でも、どこか違う？

【いろいろ】

【さまざま】

▶「いろいろ」は「色々」と書くように、種類が多いことを表す。「さまざま」は「様々」と書くように、様子の違いに重点が置かれている。「いろいろな服」より「さまざまな服」のほうがバリエーションが広く、ばらつきが大きいといえる。

「いつも」と「つねに」はどう違う？

どちらも、その状態がずっと続いている様子を表すことば。でも、「あの子はいつも笑っている」と言うのは自然だが、「あの子はつねに笑っている」と言うと、ちょっと心配になってくる。

【いつも】

【つねに】

▶「いつも」は断続的でもいい。だから、「いつも笑っている」は、「私が見ているときは」「みんなの前では」という限定のことばを補って考えるといい。それに対して「つねに」は、年がら年中ずっと、という意味。だから、「つねに笑っている」は、誰もいなくても一日中ずっと笑っているという意味になる。

「自然に」と「ひとりでに」はどう違う？

「ドアが自然に開いた」と「ドアがひとりでに開いた」は、ほぼ同じ。では、「ミイラが自然に動いた」と「ミイラがひとりでに動いた」ではどうか？

【自然に】

【ひとりでに】

▶「ミイラが自然に動いた」というと、人間の手こそ加わっていないものの、振動や大風によって動いたようにも読みとれる。しかし、「ミイラがひとりでに動いた」というとミステリーか超常現象。人間の手も自然現象の影響もなく、そのものが持つ能力によって動いたように読みとれる。

「とたん」と「瞬間」はどう違う?

「会ったとたんに恋に落ちた」や「会った瞬間に恋に落ちた」というように、「とたん」も「瞬間」もごく短い時間を指すけれど、どこが違う?

【とたん（途端）】

【瞬間】

▶「とたん」よりも「瞬間」のほうが、一般的に時間が短い。「日が沈んだとたんに寒くなった」とは言うが、「日が沈んだ瞬間に寒くなった」と言うと不自然に感じる。「瞬間」はほとんど時間がゼロに近いときに使うことが多い。

時間や人数が「切る」のと「割る」ではどう違う？

たとえば、「残り時間が１分を切る」とも言うし、「残り時間が１分を割る」とも言う。時間や人数など、「切る」のと「割る」ではどう違う？

【切る】

【割る】

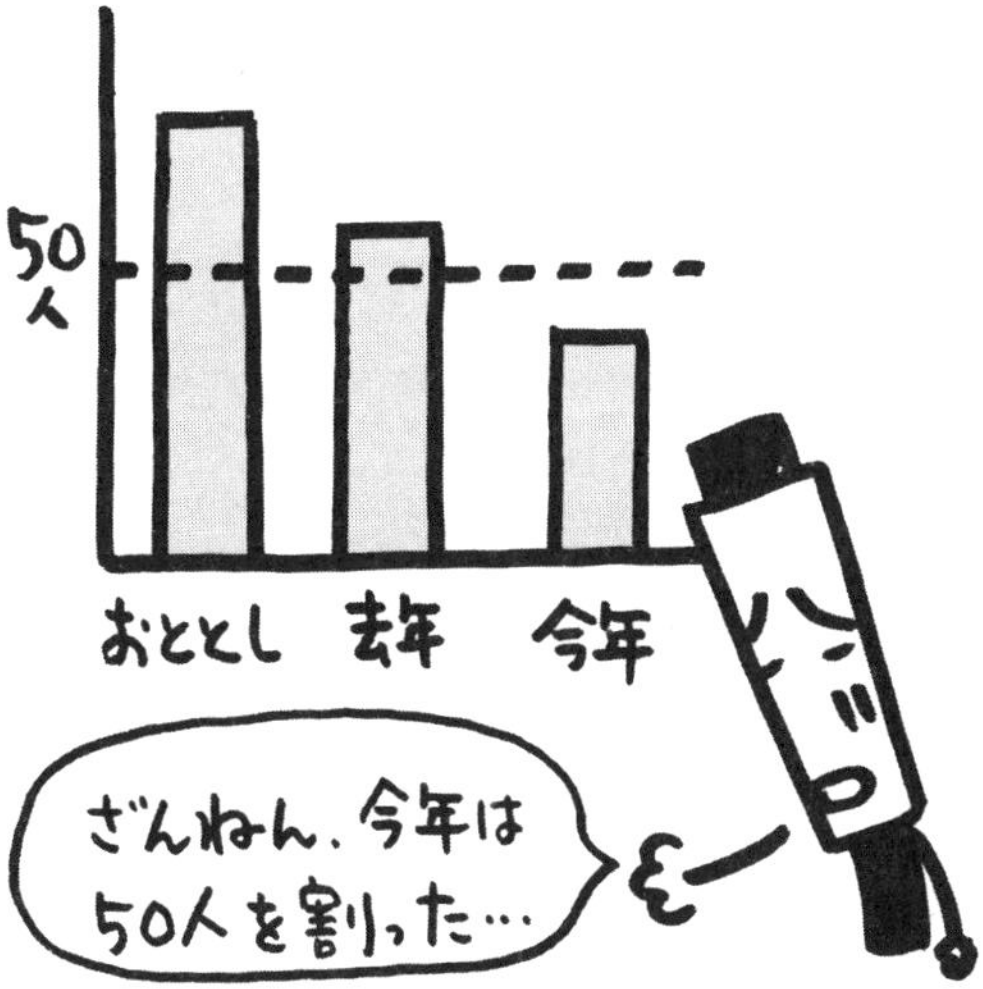

▶「切る」はだんだん数や量が少なくなってきて、とうとうある一線を越えたときに使う。「割る」は、それに加えて「残念ながら」「困ったことに」という気持ちが加わるのが一般的。だから、「１００メートル10秒を割る」とは言わない。

「過密」の反対は「過疎」?

「過密」とは、人がたくさん住んでいる状態のこと。じゃあ「過疎」は、人がほとんど住んでいない状態のこと? だったら、大雪山の山の中や南鳥島も「過疎」地になってしまう。

【過密】

【過疎】

▶「過疎」とは、「以前は人が住んでいたのに、急に人口が少なくなった状態」のこと。もとから人が住んでいないのは、「過疎」とは呼ばないのだ。

「ほとんど」「大半」「かなり」一番多いのは？

「A選挙区では、ほとんどの人が投票に行った」「B選挙区では、大半の人が投票に行った」「C選挙区では、かなりの人が投票に行った」「D選挙区では、多くの人が投票に行った」というと、どんな順で多かった？

【ほとんどの～、大半の～】

【かなりの〜】

かなりの〜

▶「ほとんどの」というと９割、「大半は」７〜８割くらい（ちなみに、中国語では「一半」が半分のことで、それより多い６〜８割を「大半」、さらに多いのを「一大半」という）。「かなり」というと、予想よりも多かったという気持ちが含まれる。だから、予想をどこに置くかで割合が違ってくる。「多くの」は文字通り「多い」のだが、これは発言した人の気持ちしだいなので、広く使うことができる。

「かぶる」「着る」「はく」の使い分けは？

日本語を習いたての外国人がよくやる間違いの一つに、「スカートを着ます」「ヘルメットを着ます」というのがある。じつは身につけるものは、体の場所によって動詞が変わってくるのが日本語の特徴だ。

▼日本語の場合、身につけるものは、原則的に体の場所によって動詞が変わってくる。

・首から上……かぶる　帽子、ヘルメット、お面、冠
・首から腰……着る　スーツ、シャツ、ワンピース、和服
・腰から下……はく　ズボン、スカート、靴下、靴

ところが興味深いことに、身からはずすときは、どれも「脱ぐ」という同じ動詞を使う。

かぶる
着る
はく

手袋は「はく」？「はめる」？「着る」？

身につけるものは、体の場所によって「かぶる」「着る」「はく」を使い分けるのだが、例外もある。あなたは手袋をつけるときに、なんと言う？

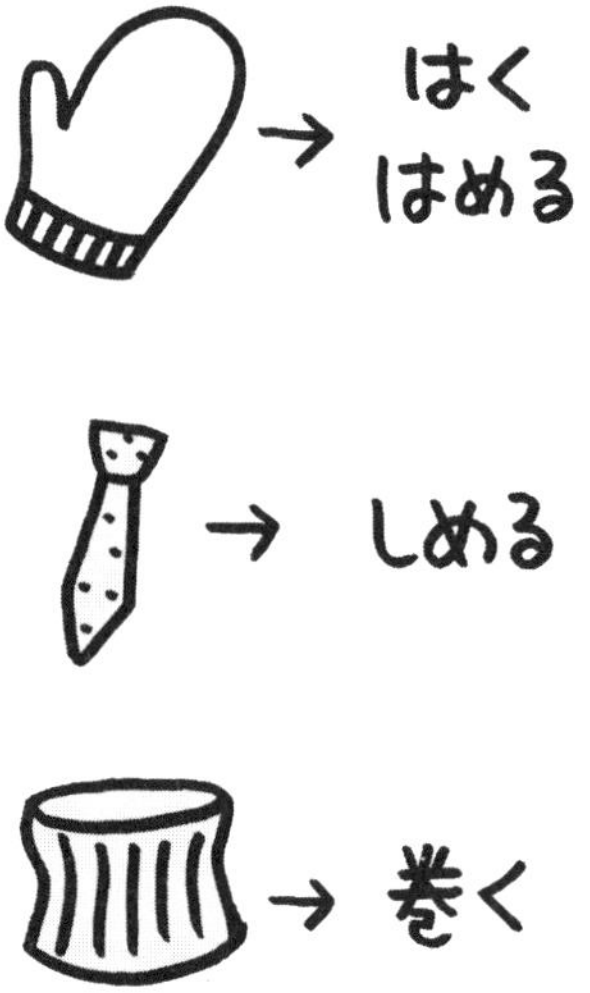

▼現在では「手袋をする」が多数派だが、かつては手袋は「はく」ものだった。今でも年配の人や方言では「手袋をはく」と言う人がいる。靴下と同じような感覚で、「下（末端）から身につける」というためにこう言ったのだろう。

そのほかの例外としては、「ネクタイを（する、しめる⇔はずす）」「腹巻を（する、巻く⇔ぬぐ）」などがある。

第2章

実は日本人の半数以上が間違って使っていることば

「敷居が高くて入りづらい」の意味は？

「あの和食の店は敷居が高くて、入りづらい」という言い方をよくするけれど、本来はそういう使い方をしていなかったってホント？

▼誤解されがちなことばのトップクラス。もともとは、「不義理や迷惑をかけたことがあって、その家に行きにくい」という意味であって、「高級すぎたり上品すぎたりして、入りにくい」という使い方は最近のもの。最近は他人の家を訪ねることが少なくなったため、本来の用法はあまり使われなくなり、「気が進まない」という意味が共通する現在の使い方が増えてきたのだと考えられる。もはや、誤りとはいえないだろう。

行きにくいな〜

「流れに棹さす」は、流れに逆らうこと？ それとも流れに乗ること？

「あなたの行動は、環境改善の流れに棹さすものだ」といわれたのだが、いったい私はほめられたのだろうか、それとも叱られたのだろうか？

▼「流れに棹さす」ということばは、よく「流れに逆らう」という意味で使われているが、それは間違い。この「棹」は舟をこぐ道具のことで、「棹をさす」というのは、船頭さんが水の底まで棹を突きさして、舟に勢いをつけることをいう。だから、この場合は、ほめられたことになる。あくまでも、相手が本当に意味を知っていればの話だが……。

夏目漱石の『草枕』の一節に、「情に棹させば流される」とあるが、これは「理性よりも感情を優先してしまうと、よくない結果になりがちだ」ということを示している。

エイ
グンッ

「憮然とする」って、怒ってむっとしている様子じゃないの？

「課長が憮然としていたよ」というから、どなられるんじゃないかとびくびくして会いにいったら、意外なことにひどく落ち込んでいる様子だった。どうして？

▼「憮然」は、古代中国の『論語』にも登場することばで、もともと「思い通りにいかずにがっかりする様子」や「驚いて力が抜けている様子」を表していた。ところが、最近では「憮然とした面持ちで」という表現に代表されるように、不機嫌な様子や、腹を立てている様子を示す用例のほうが多数になり、すでに辞書にも掲載されるようになった。おそらく、「憮然」の「ぶ」という音が、ぶつぶつ不満をいう様子を感じさせるからだろう。

本来の意味
はぁ〜

×
ブスッ

「勝てば官軍」の本当の意味は？

「～ば」というと仮定の意味を表すことばだから、「勝てば官軍」は「もし、勝ったなら官軍になれる」という意味だと思っている人が多い。でも、本当の意味は違う。

▼「勝てば官軍、負ければ賊軍」ともいう。この「～ば」は現代語で使う仮定の意味ではなく、学校の古典文法で習った確定条件の「～ば」というやつである。現代語では「～から」「～ので」と訳して考えるとわかりやすい。

だから、「勝ったから官軍、負けたから賊軍になった」、つまり「勝ったほうが正義とされて、負けたほうは不正義とされる」という世の定めをいうわけだ。

確定の「～ば」は、「住めば都」「仰げば尊し」などの古い言い回しに残っている。

勝ったら
官軍？

「他山の石」はしたほうがいいか、しないほうがいいか

外国の地下鉄火災を取り上げたネットのニュースで、最後に「わが国においても、この事故を他山の石としてはならない」と結ばれていた。日本語の使い方としてどこがヘン？

▼「他山の石」というのは、古代中国の『詩経』にあることば。「よその山にある粗悪な石も、自分の宝石を磨くために使える」という意味から、「他人のつまらない言行も、自分を高める助けになる」という意味で使われてきた。

現在では、「他山の石とする」という使い方が一般的で、海外の事故から学んで役立てるためには、「この事故を他山の石としなければならない」と書くべきだった。

たぶん、この筆者は「対岸の火事」と混同したに違いない。「対岸の火事」は、「他人の不幸や事故を見ても、自分には関係のないことだと放っておくこと」。

NEWS

最近では「社長の生き方を他山の石として精進していきます」という言い方を耳にすることがあるが、これは非常に失礼にあたる。

▼本人は、「よい手本にする」という意味で使っているのだろうが、さきほども触れたように「他山の石」というのは、悪い手本を指している。

つまり、「社長のつまらない言行を反面教師として頑張ります」という意味になってしまうのだ！

ことば力チェッククイズ

Q4 「流れに棹さす」

次の1〜4のうち、「流れに棹さす」ということばにふさわしい内容を1つ選んでください。

1 30年前に刊行されたこの本のおかげで、環境保護への流れに加速がついた。
2 重役の不用意なひと言で、両者の合併話がふりだしに戻ってしまった。
3 無茶な投資を続けていたが、友人のアドバイスのおかげで大損をまぬがれた。
4 今思うと画期的な考え方だったが、当時は誰にも相手にされなかった。

答え 1

「奇特な人」って変な人？

「恵まれない人のために1000万円を寄付した人がいる」というニュースを見て、「奇特な人がいるものだ」とつぶやいたら、一緒にいた知人に「そんな失礼なことを言うもんじゃない！」と怒られてしまった。何か悪いことを言った？

▼「奇特な人」とは、並外れて優れた能力を持った人や、とくに感心すべき行為をした人をいう。ところが、「奇」という字に引きずられたためか、最近では「奇妙な人」「珍しいことをする人」「変人」のことだという解釈が増えている。「あなたは奇特な人だね」と言われても、手放しで喜べない時代になってしまった。

奇人？
奇特な人
偉人？
奇特
＝
並はずれて優れた能力

「枯れ木も山の賑わいだから参加して」と言われたら…？

「課長！　こんど隣の課でAさんの歓送会をするそうです。枯れ木も山の賑わいと言いますから、課長もぜひ参加してください」と部下に言われたが、どこかおかしい。すっきりしないなあ……。

▼本当にあった話だそうだが、相手を「枯れ木」扱いしている点で完全な誤り。「枯れ木のようなつまらないものであっても、ないよりはまし」という意味のことばなので、「枯れ木も山の賑わいと申しますから、私もぜひ出席させてください」と謙遜する言い方で使わなくてはいけない。ところが最近では、この例のように、単に「たくさんいたほうが賑やかでいい」という意味で使われることもあるようだ。

ワシは
枯れ木か!?
すみません

「妙齢」っていくつぐらいの女性のこと？

「きのうの宴会には、妙齢の女性がたくさんいらっしゃいましたね」と言われたけれど、どう思い出しても40代以上の人ばかり。妙齢って、何歳くらいの人をいうの？

▼妙齢の「妙」には「妙なる《たえ》」という意味があって、もともと「妙齢の女性」「妙齢のご婦人」とは20代くらいのうら若い女性を指した。ところが、最近になって40代くらいの女性を指して「妙齢」と呼ぶ人が増えている。「微妙な年齢」という語感でとらえている人が多いのだろう。

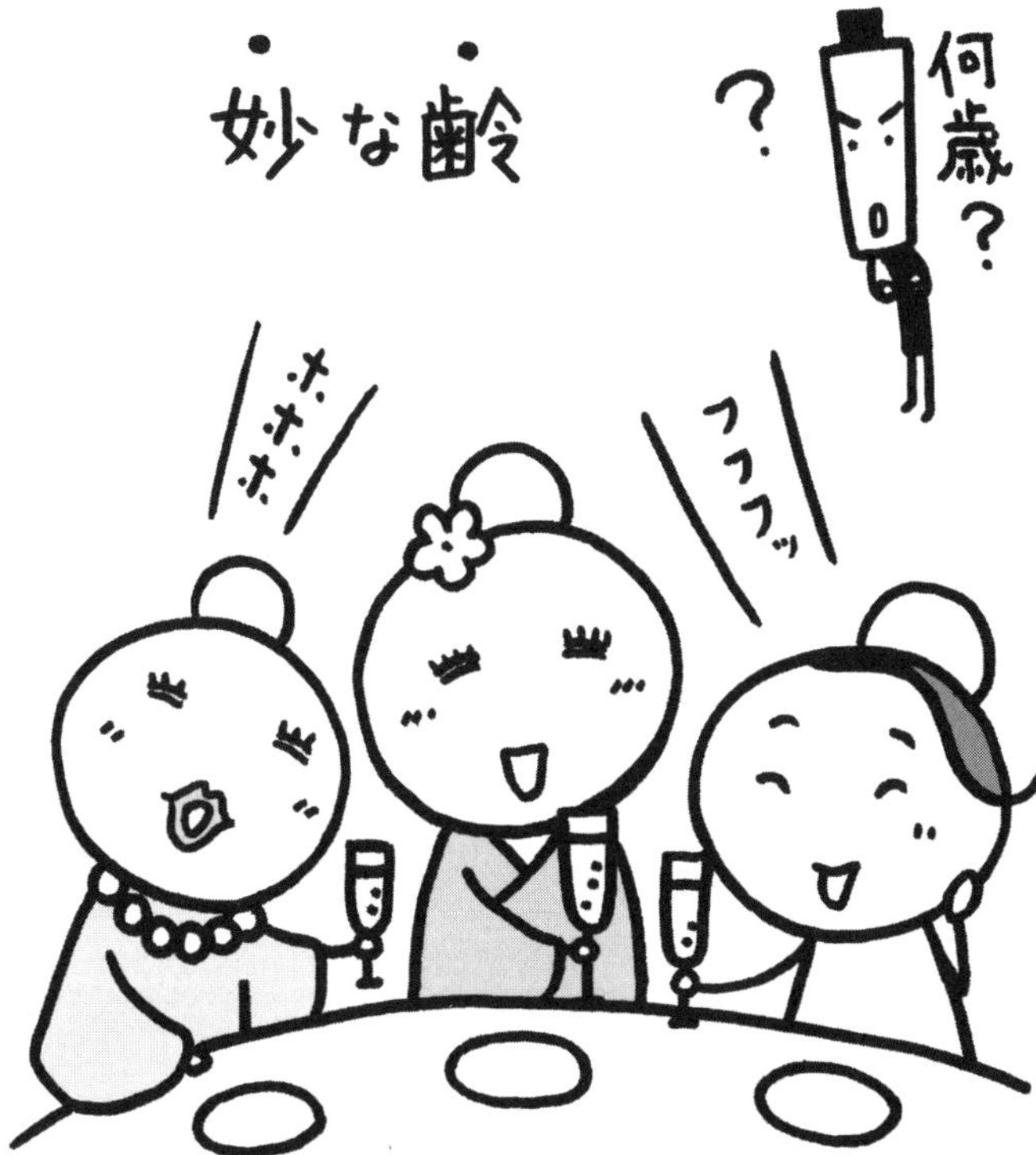
妙な齢
?
何歳?
ホホホ
フフフッ

「あくどい色」ってどんな色？

買ったばかりの夏服を着ていったら、伯母に「まあ、あくどい色の服ね」と笑われた。この服を着ると悪人に見えるのかな？

▼もともと、「あくどい」とは「あく（灰汁）が強い」という意味。だから、「あくどい色」は「派手な色」、「あくどい味」は「濃い味」というような意味で使われてきた。ところが、「悪どい」という漢字が当てられるようになって、いつのまにか「たちが悪い」という意味に使われるようになってしまった。

あくどい色
＝
あく（灰汁）が強い色
＝
派手な色
え〜
あくどい…

電車の運転士が言う「出発進行！」の意味は？

電車の運転席のすぐ後ろに座っていたら、発車の直前に運転士の「出発進行！」という大きな声が聞こえてきた。これは、景気づけに「さあ出発するぞ、進むぞ！」と叫んでいるの？

▼安全運転のために運転士が指さし確認しながら「出発進行！」という声が、運転席から聞こえてくることがある。これは、けっして「出発するぞ！」と景気づけで叫んでいるわけではない。駅から出発してもよいかどうかを指示する「出発信号機」が、「進行」（青信号）を示していることを確認しているのだ。つまり、「出発信号機が進行を示している」の略なのである。もし、出発信号機が「注意」（黄色信号）ならば、「出発注意！」と言う。

ことば力チェッククイズ

Q5 「奇特」

次の1〜4のうち、本来の「奇特」の使い方ではないものを1つ選んでください。

1 就職活動でみんなが地味な服装のなか、真っ赤なスーツで来るとは、ひどく奇特なやつだ。

2 毎朝、自分の家の前を掃除してから仕事に出かけるとは、実に奇特な心がけだ。

3 安定した生活を捨て、途上国でボランティア活動をはじめるとは、まさに奇特な行いだ。

4 60歳を過ぎてからアラビア語の勉強をはじめるとは、なんと奇特な人なんだろう。

答え 1

「手をこまねく」の意味、正しいのはどっち？

高校生が書いた文章に、「来年に迫った入試に向けて、手をこまねいて待っています」というのがあった。変だなと思ったけど、若い人に聞くと違和感がないという。「手をこまねく」って、何も行動しないことじゃなかった？

▼もともとは「手をこまぬく（拱く）」といわれていた。「胸の前で腕を組む」動作を指すことばで、「本当は何かをしたほうがいいのに傍観している様子」をいう。ところが、いつのまにか「手をこまねく」に変わってしまったことで「招く」のイメージが加わり、「準備して待ち構える」「手ぐすね引いて待っている」という意味に誤解する人が増えてきた。

胸の前で
腕を組む

「気が置けない人」は心を許せる人？許せない人？

誤解されやすいことばとしてよくとりあげられる「気の置けない人」。でも、「置けない」ということばから想像すると、どうしても「……できない」という意味に受け取れるんだけど……。

▼似たようなことばに「心置きなくご利用ください」という言い方がある。このときの「置く」は、「遠慮する」「配慮する」という意味になる。それを打ち消しているので、「遠慮なく」という意味になるわけだ。

実際には、「気を置く」という使い方はしないが、「お心置きください」という言い方は、やや古風だが今でも通用する。「心の隅にとめておいてよ」「気を使ってよ」という意味である。

こうしたことから考えれば、「気が置けない人」は、「遠慮する必要のない人」「気を使う必要のない人」ということがわかる。

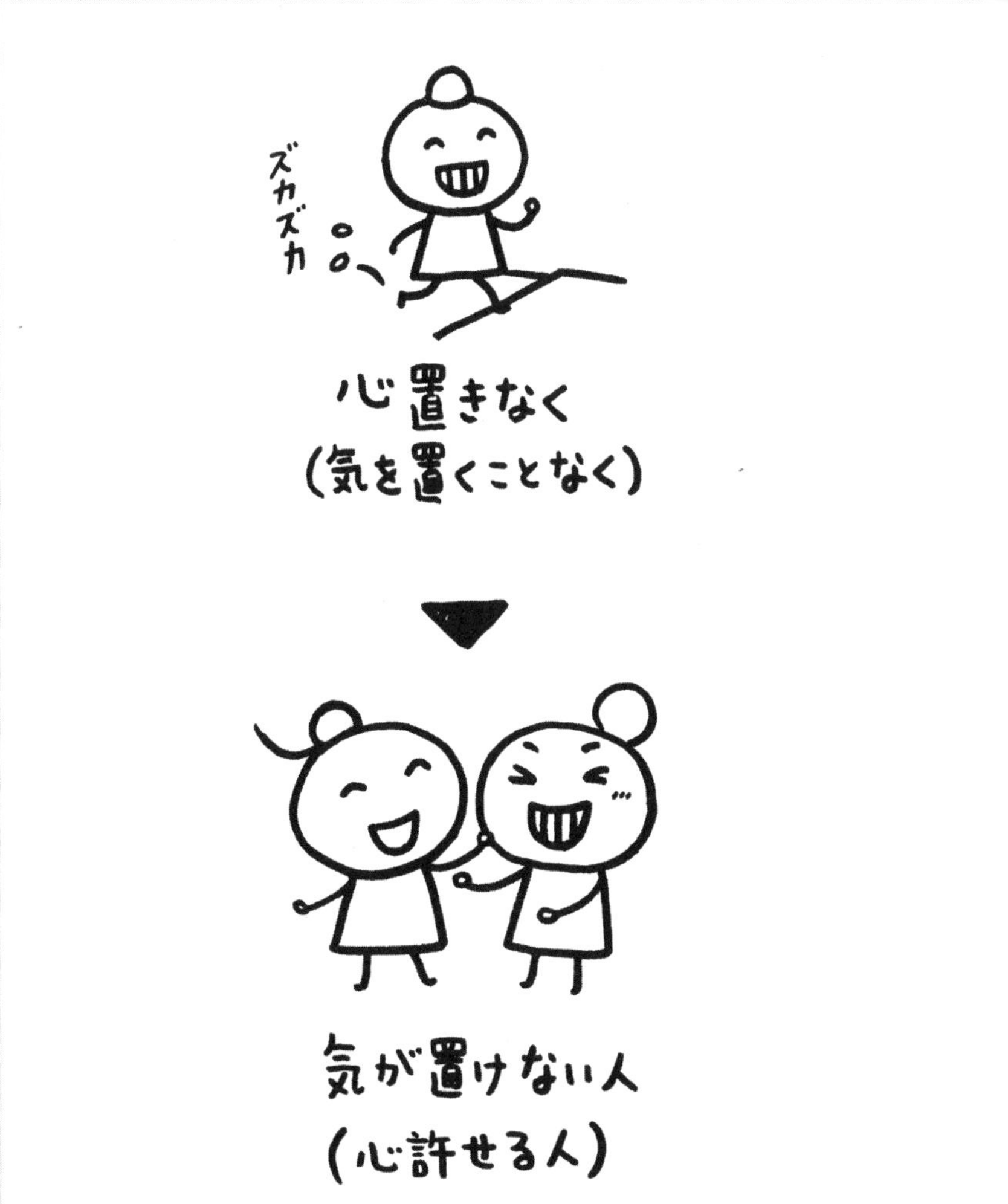
ズカズカ
心置きなく
（気を置くことなく）
気が置けない人
（心許せる人）

「出がらしのお茶」は薄い？　それとも渋い？

「出がらしですみません」といってお茶を出されたので、薄いお茶が出てくるのかと思ったら、濃くて渋いお茶が出てきた。「出がらし」って、どんなお茶のこと？

▼日本茶の煎茶は何度も出すことができて、その都度、味わいが変わるのが特徴だ。だが、そのうちに薄くなって、味がしなくなる。つまり、お茶のエキスが枯れてしまったわけで、これを出がらしという。漢字では「出涸らし」と書く。

だが、「からし」→「からい」→「苦い・渋い」と連想するのか、味が濃いお茶を想像している人も多いようだ。急須にお湯を入れたまま忘れてしまい、濃くなりすぎたお茶を「出がらし」と誤解している人も多い。

出がらしのお茶
○ 出涸らし
× 出辛し
お湯？
ズッ

「おっとり刀で駆けつける」というのは、のんびりとしている様子？

事件現場に、警察官が「おっとり刀で駆けつけた」という表現があった。事件が起きたのだから、のんびりしてはいられないと思うのだけど……？

▼けっして、おっとりと駆けつけたわけではなく、急いでいる状態を表している。「おっとり刀」とは、「押し取り刀」が変化した「押っ取り刀」のこと。武士が外に出かけるときは、刀を腰に差すのが本来の出で立ちだが、切迫した事態が発生したときには、そんな悠長なことはいっていられない。刀を手に取ったまま急いで出かけるのが、「おっとり刀で駆けつける」様子なのだ。

殿ーッ
ガシャン
おっとり刀
＝
押っ取り刀

「帽子をあみだにかぶる」って、不良っぽいかぶり方のこと?

今でも、中学や高校によっては、「制帽をあみだにかぶらないこと」という校則が残っているかもしれない。きちんとまっすぐにかぶるのでないことは見当がつくけれど、いったいどんなかぶりかた?

▼着物をちょっと着崩すのと同じように、帽子を少し乱してかぶることで、どこか反骨精神が感じられるようで格好よく見える。「あみだにかぶる」(あみだかぶり)ということばは、仏像の阿弥陀如来像の姿に由来するもので、帽子を後ろに傾けた様子が、阿弥陀如来が光背《こうはい》という後光を背負っている姿に似ているために、こう呼ばれる。帽子を斜めにかぶった様子だと考えている人が少なくないが、そうではない。

これが
正解☆

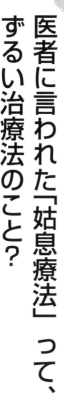

医者に言われた「姑息療法」って、ずるい治療法のこと？

病院で担当医から、「この病気は完治は難しいのですが、姑息的な治療を続けていくことで健康に生活していけます」と言われたが、姑息な治療って、ずるい治療のこと？それで大丈夫？

▼「姑息」には、本来「ずるい」という意味はなかった。「姑」には、夫の母という意味のほかに「一時的」という意味があり、「息」は休息のこと。そのため、「姑息」は一時的に休むという意味になり、「その場しのぎ」「間に合わせ」という意味に使われるようになった。

だが、「その場しのぎの手段をとる」ということから、現在広く使われる「ひきょうな」「ずるい」という意味が派生した。医学用語では、この例のように「姑息」を本来の意味で使っており、根本治療でなく対症療法のことを表している

当座はこれでしのぎましょう
ゴリゴリ
う…うん
姑息
＝
休息・その場しのぎ

ことば力チェッククイズ

Q6 「あくどい」

次の1〜4のうち、「あくどい」の本来の使い方ではないものを1つ選んでください。

1 まあ、お姉さんったら、ずいぶんあくどい柄の着物を選んだわね。

2 結婚記念の写真を撮るんだったら、化粧はあくどいくらいのほうがいいよ。

3 この国の料理は、あくどい味のものが多いので好き嫌いがはっきり分かれる。

4 あの男は金に関してひどくあくどいやつから、気をつけたほうがいいよ。

答え 1

ことば力チェッククイズ

Q7 「他山の石」

次の1～4のうち、「他山の石」の使い方として正しいものを1つ選んでください。

1 先生の素晴らしい研究を他山の石にして、今後ともしっかりと専門分野の研究に励みます。

2 不祥事から業績が大きく傾いてしまったA社を他山の石としないように、厳重な会計監査が必要とされる。

3 大勢の前でうっかり失言をした議員を他山の石として、ものの言い方には気をつけるようにしたい。

4 何気ない行為が周囲の人びとの他山の石とならないよう、一つひとつの行いに注意したい。

答え 3

「役不足」と「力不足」の誤用とは？

先日の就任あいさつで、「このたび、はなはだ役不足ではありますが、部長を拝命いたしました」とやってしまった新任の部長。明日から、この人の下で働くと思うと気が重い。

▼よく使われていながら、きわめて誤用が多いのが「役不足」ということば。「役不足」は、自分に与えられた役職や役柄が、自分の能力よりも不足しているという意味。つまり、「こんな安っぽい役職や役柄は、能力のあるオレ様にはふさわしくない」という意味なのだ。謙遜したつもりが尊大な態度を示す意味になってしまうので要注意である。

もし、どうしても謙遜したければ、「力不足ではありますが」と言うべきだ。

役不足
=
自分の能力より不足している
謙遜の意味じゃないんだ…
オレさまには役不足だっ!
部長

明日までにできれば「御の字」？すぐにできるのが「御の字」？

会社の上司に、「本当は今日中にレポートを出してもらいたいけれど、明日の午前中にできれば御の字（おんのじ）だ」といわれた。「御の字」って「まあまあ喜ばしい」という意味？

▼「御礼」「御社」「御身」というように、「御」（おん）を頭につけると、最上級に敬う意味になる。だから、「御の字だ」というのは「上に御の字が付くようなもの」、つまり「一番いい」「最上の」「非常にありがたい」という意味が本来の使い方だ。

ところが、最近では「この試験では60点とれれば御の字だ」「明日までに完成できれば御の字だ」というように、「なんとか納得できる」「最悪ではない」という意味で使われるようになっている。

御の字
＝
最上の
60
御の字だ〜！
理想が低いっ!!

「語るに落ちる」とは、語るほどの価値がないという意味？

「Aったら、本当にひどいやつだ。まったく語るに落ちる人間だ」と友人が嘆いていたが、「語るに落ちる」って、そういう意味だっけ？

▼このような誤用が増えている。このときの「落ちる」は、刑事ものの番組でよく耳にする「落ちる」のことで、「白状する」「本音を言う」という意味。「語るに落ちる」は、もともと「問うに落ちず、語るに落ちる」の後半が独立したもので、「質問しても本音を言わないが、勝手に語らせると本音をもらしてしまう」というような意味だ。

つまり、勝手に話しているうちに、うっかりと本音をもらしてしまうことをいう。聞かれてもいないのに、秘密にしていた恋人のことをついしゃべってしまうなんていうのは、往々にしてあることだ。

語るに落ちる
=
白状する
あっ
しゃべっちゃった
落ちた

「煮詰まってくる」と、アイデアはもうすぐ出そう？　まだまだ出ない？

上司に新しい企画の進み具合を聞かれたとき、いくら考えてもアイデアが思いつかないので「かなり煮詰まっています」と答えたら、意外なことに喜ばれてしまった。どこか変？

▼煮物がぐつぐつと煮えて水分がなくなってきた状態を「煮詰まる」という。できあがりが間近なことから、「そろそろ結論が出てくる段階」を指すことばとして使われてきた。
ところが、最近では若い人を中心に、「議論が行き詰まって、いくら考えても新しい展開が見られない様子」を指すときに使われることが多くなってきた。「煮詰まる」ということばに、煮物の水分が抜けきって料理が台無しになるというマイナスの語感を抱くのだろう。

煮詰まる
=
煮えて水分がなくなる

○そろそろ結論が出る状態
×結論が出せない状態

「天地無用」と書かれた段ボールに入っていたものは？

台湾出身の林さんは、宅配便で届いた段ボールに「天地無用」と書いてあるのを見て、びっくり。「天地に用がないとはどういうこと？　何か深い意味があるんでしょうか」と頭をひねっている。

▼確かに、漢語として読むと深遠な意味がありそうだが、「天地無用」とは荷物の「天」と「地」を逆にしてはいけないという意味。つまり、電化製品や陶器のような壊れものを運ぶときに、上下をひっくり返してはいけないことを指示することばだ。

もっとも、最近では日本人でも、「天地」を逆にしても「無用」である――つまり「上下をひっくり返しても構わない」と解釈する人がいるとのこと。そこで、はっきりと意味がわかるように、宅配便では「この面を上に」などと、わかりやすく書かれることが多くなった。

天地無用

＝

していけない

○上下を逆にしてはダメ！

×上下は気にしなくていい

ことば力チェッククイズ

Q8 「役不足」

次の1〜4のうち、「役不足」の使い方として正しいものを1つ選んでください。

1 この披露宴において、はなはだ役不足ではありますが、私どもが媒酌人を務めることとなりました。

2 経営改善の切り札ともいえるNさんを、閑職の花見接待係にするなんて役不足もはなはだしい。

3 社長のイエスマンであるYさんが重役に出世するなんて、まさに役不足の典型といっていいだろう。

4 課長、まだ私は入社して1年半しかたっていないので、係長職はちょっと役不足で自信がありません。

答え 2

ことば力チェッククイズ

Q9 「〜然」

次の1〜4の□にあてはまることばを、線で結んでください。

1 Mさんは、自分の意見がことごとく否定されたことに腹を立て、□として席を立った。

2 社運を賭けて発売した新製品の売れ行きが悪く、社長は□としてひげをなでているばかりだ。

3 大学を卒業はしたけれど、何をすればよいのかわからず、前途は□としたままだ。

4 もしあのとき、火を止めずに部屋を出ていたらと想像すると、恐ろしさに□とする。

A 憮然

B 茫然

C 慄然

D 画然

E 憤然

答え 1－E 2－A 3－B 4－C

「濡れ手で泡をつかむ」ことが、なぜボロ儲けの意味になるの？

よく「濡れ手で泡の大儲け」というけれど、風呂に入ったときに濡れた手で泡をつかんでも、とくに変わったことは起きない。どうして、こんな使い方をするの？

▼正しくは「濡れ手で粟」。「アワ」の「ア」にアクセントを置く頭高アクセントで発音しなくてはいけない。「アワ」を平板アクセントで発音するから「泡」と誤解する。

粟は雑穀の一種で、小鳥の餌によく入っている丸くて小さな黄色っぽい粒。最近では、健康食としてほかの雑穀とともにご飯にまぜて食べることもある。粟をつめた箱や袋に濡れた手を入れると、わざわざ粟をつかもうとしなくても、手の表面にごっそりと粟がくっついてくる。その様子から、苦労しないで大儲けする例えに使われるようになった。

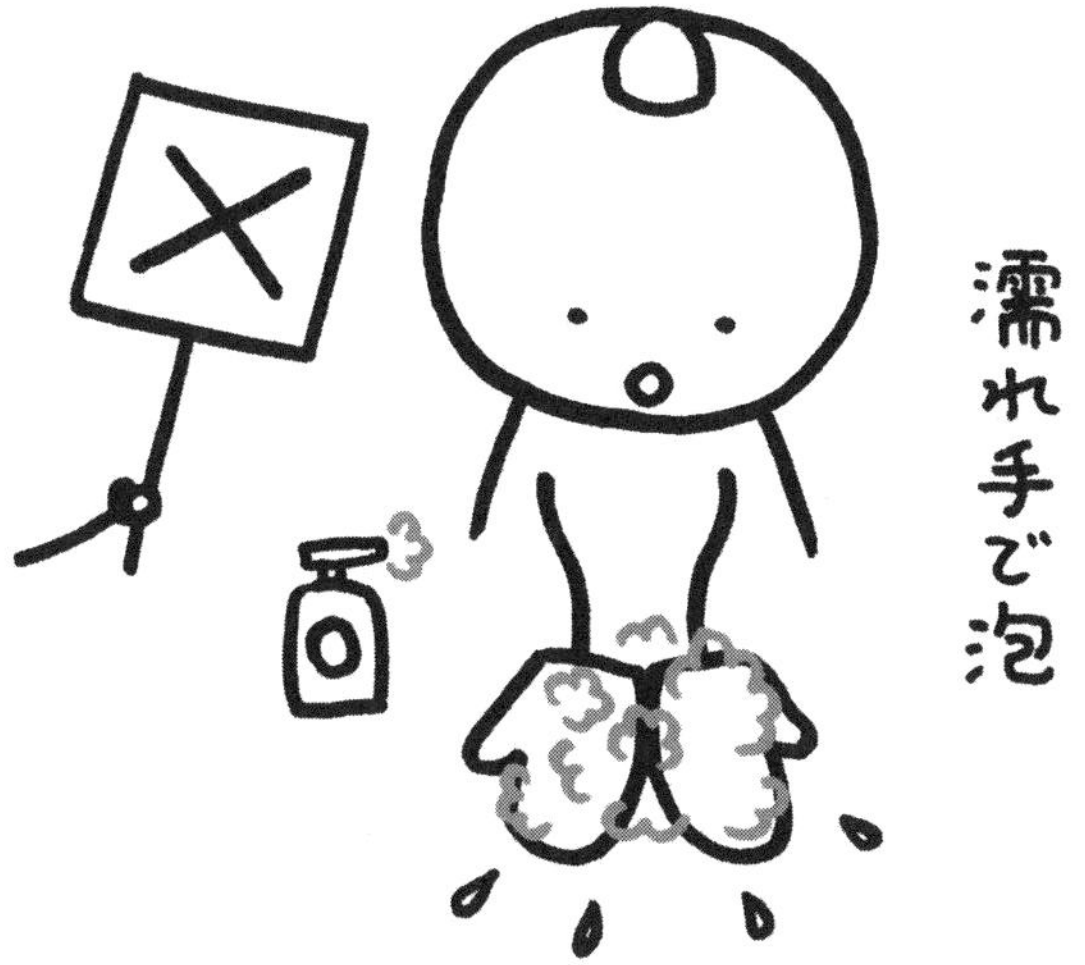
濡れ手で泡

濡れ手で粟

「世間ずれ」している人って、世間とどんな関係の人？

「東京に出てきて5年、純情だったあの子もすっかり世間ずれしてしまった」という話を聞いたけれど、純情だった子が東京に来て、世間からますますずれたということ？

▼このときの「ずれ」というのは、「すれる」という意味。それまでは、世間と接する機会が少なかったけれども、さまざまな経験をするうちに純粋な気持ちがなくなってきた様子を指す。さらにすれてしまうと、「すれっからし」になってしまう。けっして、世間とずれているという意味ではない。

世間ずれ

擦れる

○ 世間を渡ってずる賢くなっている

× 世の中の考えから外れている

どんなときに「いぎたない」と文句を言われる？

親戚の家に行って出された食べ物をぱくぱく食べていたら、「お前は本当にいぎたないんだから、私が恥ずかしい」と母に嘆かれた。母よ、それは「意地汚い」の間違いでは？

▼「いぎたない」と「意地汚い」は音が似ているが、意味が違う。「いぎたない」をあえて漢字で書くと「寝汚い」となり、いつまでも寝続けていることをいう。また、寝相が悪いことも指す。

この「い」は古語の名詞で「眠ること」をいう。古語では「寝《ぬ》」と「寝《い》ぬ」という2つの動詞があって、前者は横になる（臥せる）こと、後者は眠ることを指していた。「いぎたない」の「い」は、後者の動詞から派生している。

いぎたない
○寝汚い
×意地汚い
あ〜ぁ
ガーッ

「目を皿のようにする」とは、目を細めること？

近視の眼鏡を忘れてしまったので、目を細めて字を見ていたら、「おお、目を皿のようにしているね」と言われた。どこか違うような気がするんだけれど。

▼なくし物を探したり、大切なものを見落とさないようにしたりするときに、目を大きく見開いている様子を「目を皿のようにする」という。皿を真上から見たときのように、まんまるになっているためだ。

ところが、この例のように、近眼の人が少しでも字をはっきり見ようとして目を細めている様子を、「目を皿のようにする」だと誤解している人も少なくない。皿を真横から見た形に例えているのだろう。

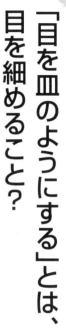

目を皿のようにする

「割愛する」とはどういうときに使う?

所属部署の回覧文書を見ていたら、「営業部からの強い要望により、先月末付けで当部所属のKさんを割愛しました」という一文があった。Kさんは有能な人だと思っていたけれど、不要とされてしまったの?

▼「割愛」とは、もともと仏教用語で「愛着を断ち切ること」を意味している。そこから、「大切なものを、惜しみながら手放すこと」「必要と感じていながら、やむなく省くこと」という意味で使われるようになった。だから、Kさんは惜しまれながら異動したことがわかる。

現在では、「やむなく省くこと」の意味が転じて、単に「省くこと」、さらには「不要だと思ってカットすること」として使われるようになった。「重要事項はすでに紹介しましたので、これ以後の説明は割愛します」といった用法だ。場合によっては正反対の意味になってしまうので注意が必要である。ただし、不要だと思ってカットするという意味を、人間を対象に使うことはない。

割愛する

＝

愛着を断ち切ること

「うがった見方」とはどんな見方？

会議で自分の意見を述べたところ、上司から「それは、なかなかうがった見方だね」と言われた。ほめられたのだろうか？　それとも皮肉なの？

▼「うがつ（穿つ）」という動詞は、「雨垂れ石を穿つ」ということわざにもあるように、穴を開けることをいう。つまり、「うがった見方」というのは、本来「ものごとを深く掘り下げて本質をつかんだ見方」という意味で使われてきた。上司が、この本来の意味で使っていたとしたら、ほめられたことになる。
ところが最近では、ひねくれた見方や考え方を指したり、ちょっと考えすぎじゃないかと皮肉や批判を示すときに使われることが多いので、他人に対して使うときには注意が必要だ。

うがった見方

＝

穿《うが》つ

＝

ものごとを深く掘り下げる

ことば力チェッククイズ

Q10 「割愛」

次の1～4のうち、本来の「割愛」の使い方ではないものを1つ選んでください。

1 まだまだ言いたいことは山ほどありましたが、時間の都合で番組では割愛せざるをえませんでした。

2 私どもにとって大きな損失ですが、先方の部署からの要望があってTさんを割愛することといたしました。

3 文章が冗長に感じられるので、重複している部分はどんどん割愛して読みやすくしたほうがいいですよ。

4 新しい営業所の新設に当たって、企画部のKさんを割愛していただきたく、お願い申し上げます。

答え 3

ことば力チェッククイズ

Q11 「語るに落ちる」

次の1〜4のうち、「語るに落ちる」にふさわしい内容を1つ選んでください。

1 学生時代のWさんは頭も性格もよかったけれど、今では誰も話題にしたくないほどのワルになってしまった。

2 今の仲間は高尚な話をするのが好きなのだが、話が長びくにつれて下品な話題になっていくことが多い。

3 タレントが記者の前で得意になってしゃべっているうちに、秘密にしていた離婚話をもらしてしまった。

4 勉強した内容をすべて覚えたつもりだったが、いろいろな人と話をしているうちに忘れてしまった。

答え 3

第3章

日本人なのに呼び名を知らない日本語

弁当に入っている魚型の醤油入れの名前は？

お弁当につきものなのが魚型をした小さな醤油入れ、あれって本当はなんていうの？

▶ 弁当関連の業界では、一般に「たれびん」と呼ばれている。醤油やソースを含めて、広い意味で「タレ」が入っている「瓶」というのが語源。

鍋料理を食べるときに使う取っ手のついた小鉢をなんと呼ぶ？

お弁当につきものなのが魚型をした小さな醤油入れ、あれって本当はなんていうの？

▶ 取っ手のついた小鉢の名前は「とんすい」。漢字では「呑水」と書くが、これは当て字で、中国語の「湯匙」（タンチー）に由来しているようだ。レンゲのすくう部分が大きくなって、そのまま食卓に置けるようにしたものがとんすいと考えられる。

たんすの引き戸で手をかけるところをなんという？

障子やたんすなどの引き戸には、扉を開けたり閉めたりするときに手をかける器具がついている。その正式名称はなんでしょう？

▶引き戸についている金具は「戸引手（とびきて）」といい、そこに指を入れて、左右に引き戸を動かす。手を入れる部分がくぼんでいる「チリ出し戸引手」や、輪っかの形で取り付けてある金具までさまざま。

神仏へのお供え物を盛る器の名前をなんていうの？

仏壇にお供えするお菓子や果物などをのせる足の長い皿は、いったいなんという？

▶ 漢字で「高杯」と書いて「たかつき」と読む。文字通り、「高い杯」「高い皿」という意味。古語では「き」が「杯」「皿」の意味。「さかずき（盃）」はもともと「酒の杯」という意味だった。

神社で見るギザギザした紙の名称は？

鳥居や手水場《ちょうずば》などで注連縄（しめなわ）に挿したり、相撲の横綱が土俵入りするときの綱や鏡餅にもついている。さて、あれの名前は？

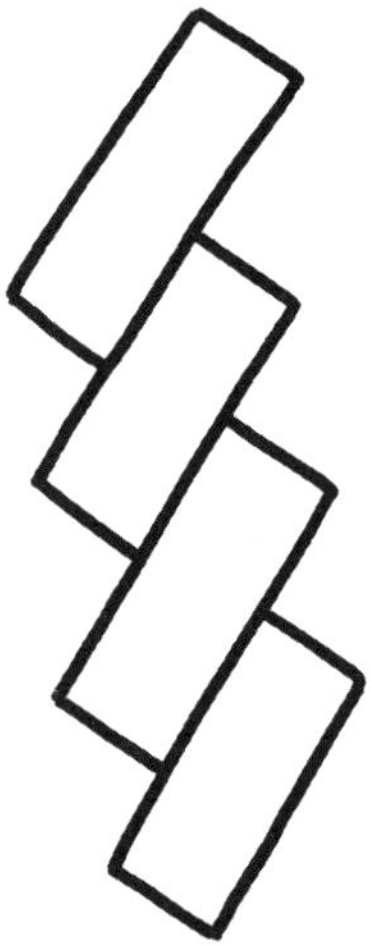

▶「紙垂」と書いて「しで」と読む。「垂」という字が使われていることからわかるように、「しだれる」からきたことば。ジグザグ状のデザインは雷を表していると言われる。注連縄に挿して神聖な場所やものを示したり、お祓いの道具に使われて清める意味がある。

「+」「−」「÷」「×」などのマークを日本語で言えますか？

分数を書くときに「～分の」と言いながら、分母と分子の間に引く横線にも名前があるって知っていましたか？

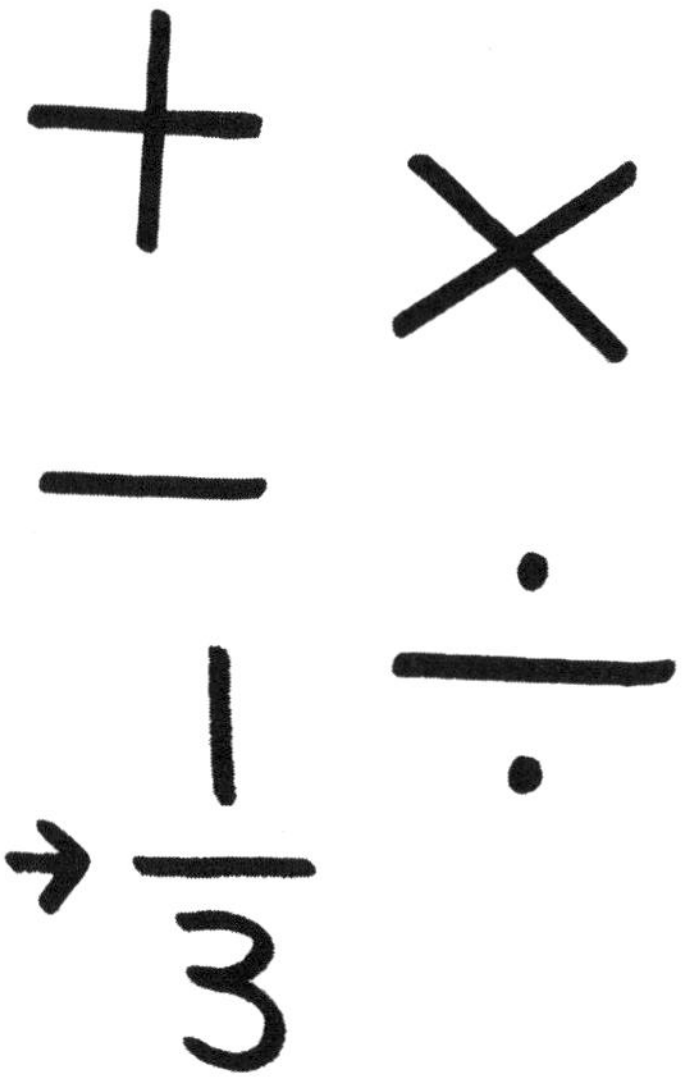

▶ + は「正符号」、− は「負符号」、× は「乗算記号」、÷ は「除算記号」、分数の真ん中に引く横線には「括線《かっせん》」という名前がある。上と下の数字を括《くく》るという意味。

「二の腕」というが、どこが「二の腕」？

ひじから肩までの部分は、「二の腕」と呼ばれている。じゃあ、手首からひじまでの部分は？

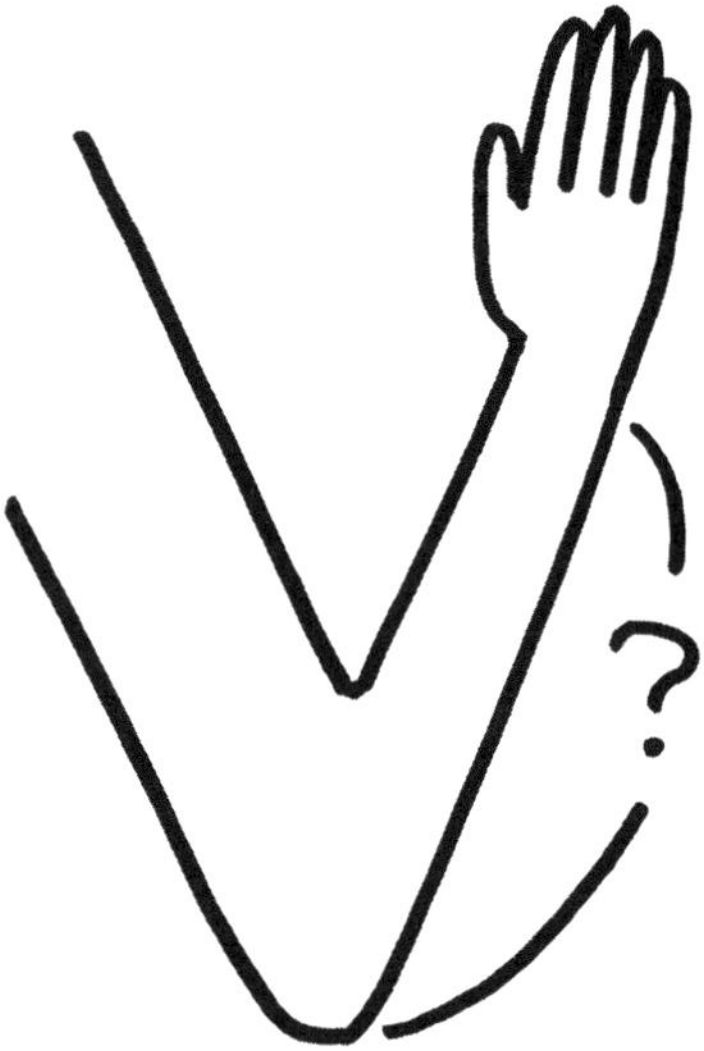

▶ じつは、昔はひじから肩までを「一の腕」、手首からひじまでを「二の腕」と呼んでいたらしい。ところが、いつのまにか前者を「二の腕」を呼ぶようになった。解剖学用語では、腕をひじを境に2つに分け、上を「上腕」、下を「前腕」と呼ぶ。

「内回り」と「外回り」は、どっちがどっち？

東京の山手線や大阪の大阪環状線、あるいは環状道路でよく耳にする「内回り」と「外回り」。どっちが内回りでどっちが外回り？

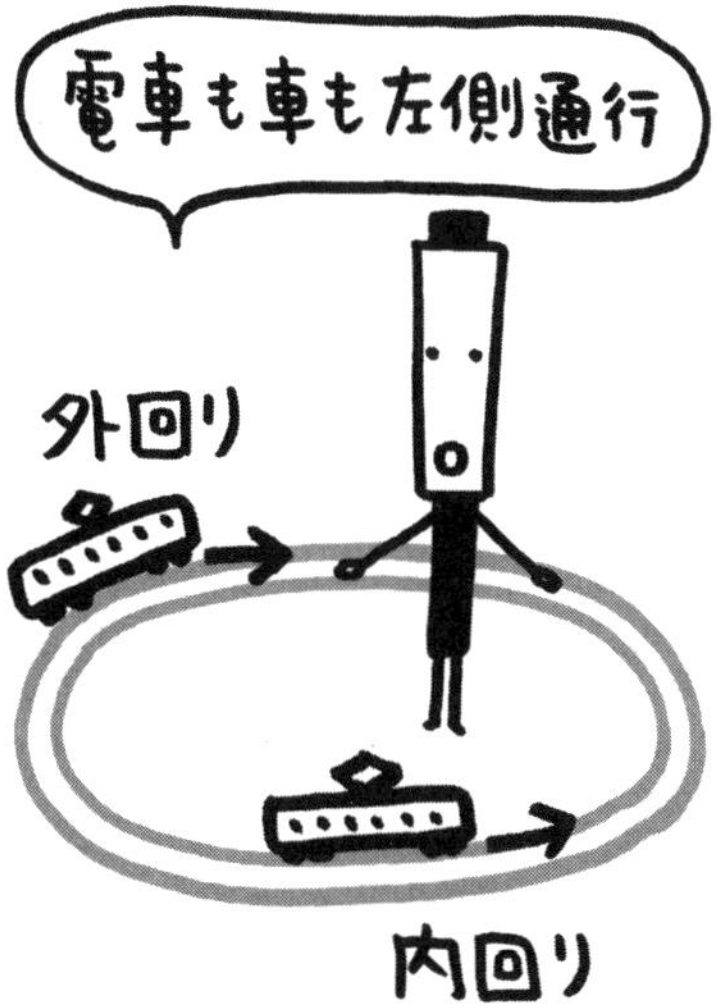

▶ 2本の線路（道路）が輪を描いていれば、一方が内側で、もう一方が外側になる。日本では鉄道も道路も左側通行なので、時計回りのほうが外側を回るので「外回り」、反時計回りは「内回り」になる。

「右回り」と「左回り」は、どっちがどっち？

時計の針は「右回り」、トラックを一周する陸上競技は「左回り」。なぜ右回り、左回りというの？

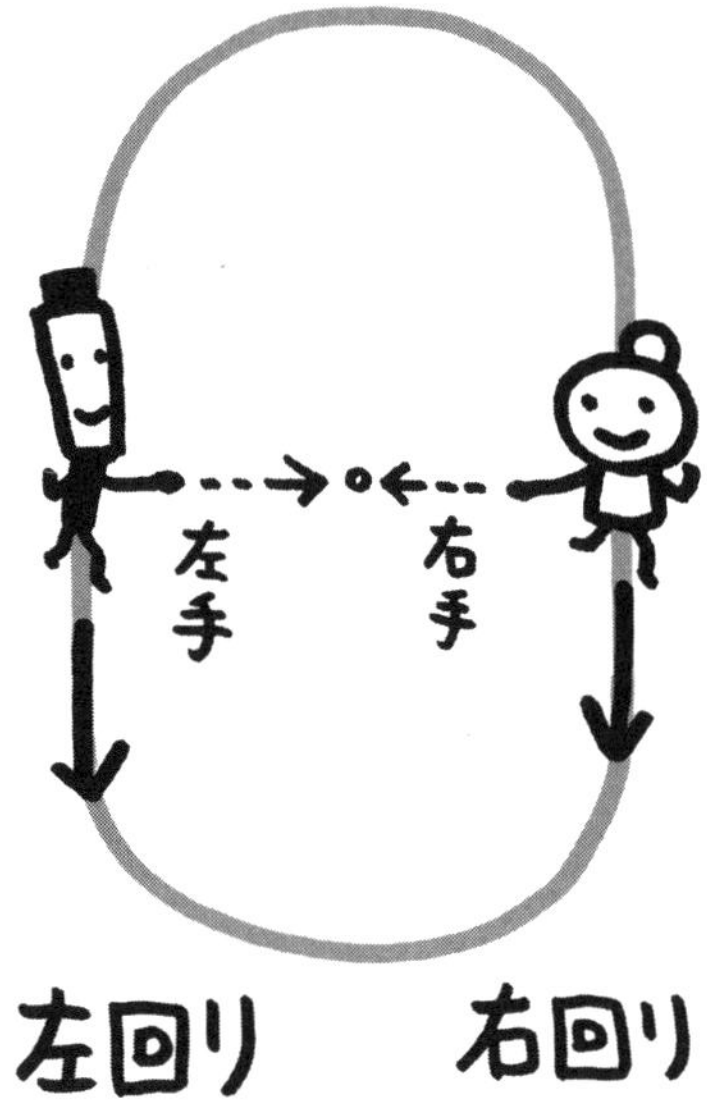

▶ 進行方向に顔（体）を向けたときに、どちら側がいつも中心に向かっているかを考えるといい。時計の針を人間にたとえると、つねに進行方向の右手に中心があるから「右回り」。陸上競技は、つねに左側に中心があるから「左回り」。

川の「左岸」と「右岸」って、どっちがどっち？

観光ガイドブックには、「○○川左岸地区では～」と書いてある。でも、地図を見たら「左岸」地区は川の右側（東側）にあった。「左岸」と「右岸」って何を基準にしているの？

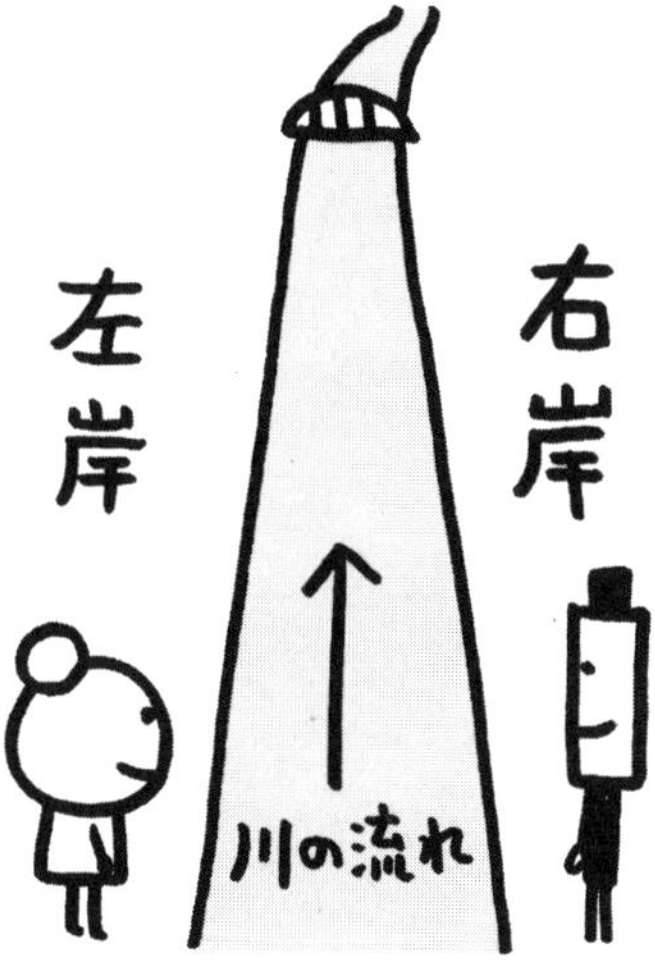

▶ 川の流れを基準にしている。上流から下流を見たときに、左側にあるのが「左岸」、右側にあるのが「右岸」。だから、東西南北の方角とは関係がない。

ことば力チェッククイズ

Q12 「またいとこ」って、「いとこ」のそのまた「いとこ」のこと？

正月に初めて子どもを連れて帰省したTさん。久しぶりにたくさんの親戚に会ったのだが、そこで疑問が湧いてきた。


「うちの子から見て、私のおじさんは何にあたる？」

「反対に、おじさんから見て、私の子どもは何？」

「そもそも、いとこの子どもは何と呼ぶの？」

A12

大おじ（おば）、またおい（めい）、いとこおい（めい）

Tさんの「おじ・おば」は、もちろん親の兄弟姉妹のことだから、Tさんの子どもから見れば、祖父母の兄弟姉妹になる。それは「大おじ・大おば」。逆に、Tさんはおじさんの「おい・めい」にあたり、その子どもはおじさんから見れば、「またおい・まためい」または「大おい・大めい」（漢語ではと呼ぶ）。

やや遠い親戚は、「いとこ」を基準に考えるといい。「いとこの子」は「いとこおい・いとこめい」または「いとこ違い」、「いとこの孫」は「いとこ大おい・いとこ大めい」。

親がいとこ同士の関係の相手は、「はとこ」または「またいとこ」と呼ぶ。そして親のいとこ（つまり「はとこ」の親）は、「いとこおじ・いとこおば」または「いとこ違い」。「いとこ違い」は、「いとこの子」にも使うので紛らわしい。「またいとこ」は、けっして「いとこ」のそのまた「いとこ」ではない。あなたの「いとこのいとこ」は、やっぱり「いとこ」かあなた自身なのだ。さもなくば、血縁関係のない他人（実の「おじ・おば」の配偶者の「おい・めい」の場合）である。

第4章

語源でわかった！日本語の「なぜ？」

「うら寂しい」の「うら」って何？

「うら寂しい」「うら悲しい」というと、単に「寂しい」「悲しい」というよりも違う味わいを感じる。また、「はっきりとはわからないけれども、なんとなく」というニュアンスが込められる。そもそも、この「うら」って何？

▼結論からいうと、この「うら」は「心」のこと。そして、「表と裏」の「うら」でもある。

時代劇で将軍や殿様の「苦しゅうない、おもてを上げい！」というせりふを聞いたことがあるだろう。あの「おもて」は、漢字を当てると「面」であり、「顔」を示すことばであることはご存じのとおり。

つまり古語では、外から見える部分を「おもて（表＝面）」と言った。それに対して、外から見えずに隠れている部分が「うら（裏）」であり、人間にたとえれば「心」だった。だから、「うら寂しい」というのは、「心の中が寂しい」という意味と考えるとよい。

OMOTE
URA

「黒山の人だかり」って何人くらい？なぜ「黒」？

バーゲン会場、催し物の見物人など、ニュースでよく使われるのが「黒山の人だかり」ということば。だいたい何人くらいなのか。「黒」なのはなぜか？　そして、「人だかり」とは？

▼「人出」「群衆」が何千人、何万人という単位なのに比べて、「人だかり」は数十人からせいぜい百人程度を指す場合が多い。「だかり（たかり）」は、「虫がたかる」というときに使う「たかる」という動詞からできた名詞で、「群がり」というような意味。

「黒山」というのは、黒い髪の人が大勢集まって、遠目には黒い山のように見えることからきている。日本人に赤毛の人が多かったら、「赤山」になっていたかも。

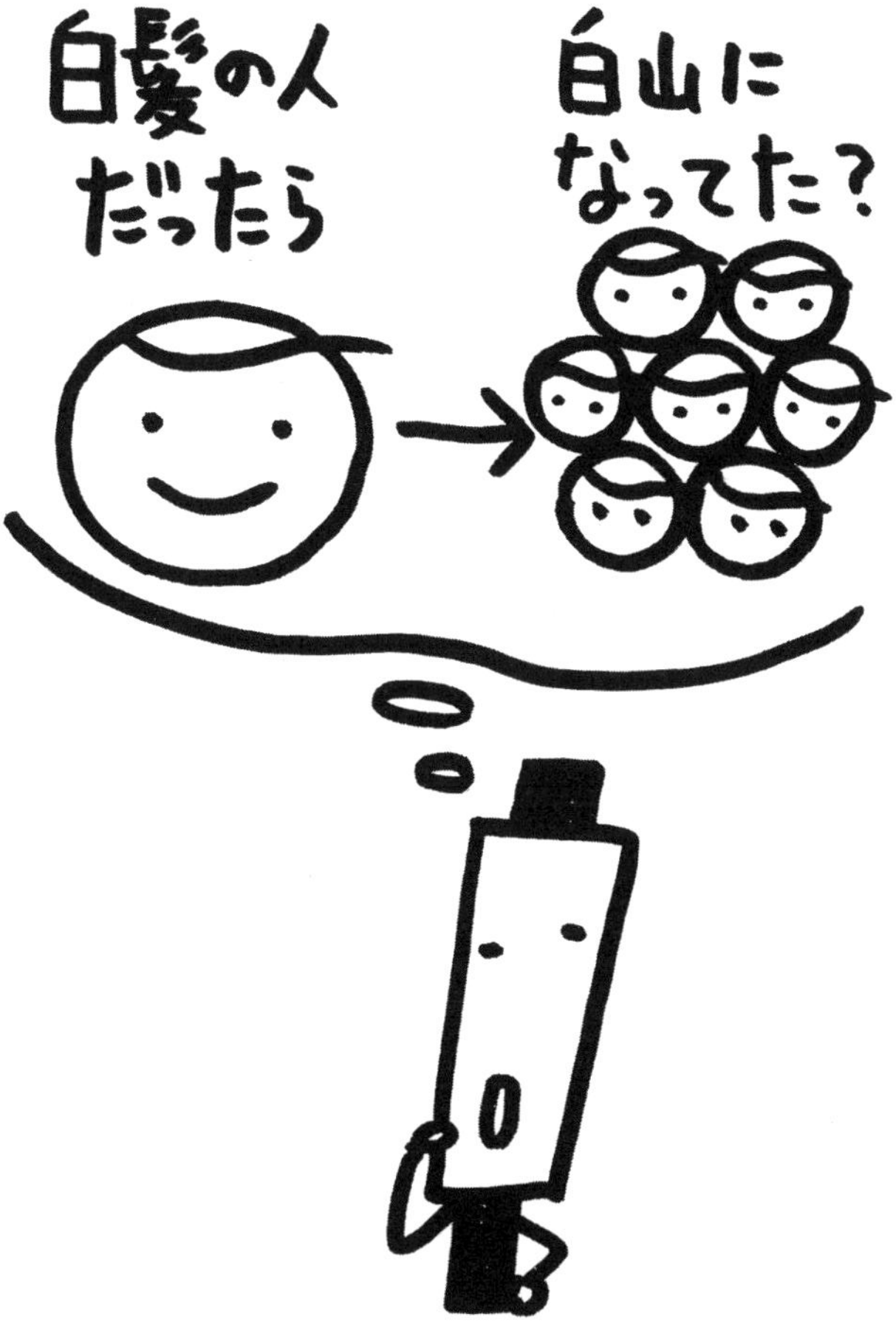
白髪の人
だったら
白山に
なってた？

土も砂も降ってこないのに、なぜ「土砂降り」という?

明日は土砂降りの雨になるだろうというが、よく考えると「土砂」が降ってくることはよっぽどのことがない限り、ありえない。なぜこんな言い方をするの?

▼この「土砂」は、雨が降る音を現している。つまり、「どしゃどしゃ」と音を立てて降る様子を示しているわけだ。その擬声語に「土砂」という漢字を当てたわけ。いかにも「ざーざー」よりも強い感じがする。ちなみに、英語では土砂降りに対して、「It rains cats and dogs」(犬猫降り)という表現がある。語源は諸説あるようだが、大雨の音を犬や猫の騒がしい鳴き声に例えたという説がある。

「水無月」は梅雨どきなのに、なぜ「水が無い月」なの？

水無月（みなづき）は旧暦五月のこと。現在の暦では六月にあたるのだから、梅雨の真っ最中のはず。それなのに、なぜ「水の無い月」と書くの？

「水無月」と現在では書いているが、もともと「無」は「無い」ではなかった。この「な」は、「水面（みなも）」や「黄な粉（きなこ）」の「な」と同じ。それぞれ「水の表面」「黄色の粉」という意味で、「な」は現代語の「の」にあたる。

つまり、「水な月」は「水の月」という意味で、まさに梅雨の時期を指しているわけだ。

「神無月」は神様がいなくなる月？

旧暦十月をいう神無月（かんなづき／かみなづき）は、神様が出雲大社に全員集合するから、出雲では「神有月」（かみありつき）、その他では「神無月」というらしい。これ本当？

▼「かんな月」の語源はよくわかっていないが、有力な説の一つに「神な月」だというものがある。「水な月」と同じように、「神の月」という意味である。

それが、「水な月」が「水無月」と誤解されるようになったのと同様に、「神な月」が「神無月」と考えられるようになった。そして、神様が出雲に集合するために「神無月」と呼ばれるのだという俗説が全国に広まったと考えられる。

水無月
＝
水の月
神無月
＝
神の月

「茶色」はなぜお茶の色ではない？

「お茶は緑色なのに、なぜ濃い土色のことを茶色と言うんですか？」外国人だけでなく、日本人の学生からもよく寄せられる質問である。しかし、けっして茶色で間違いではない。

▼古来、日本の庶民が親しんできたのは番茶（晩茶）やほうじ茶。こうしたお茶は、いれるとまさに茶色であり、これが茶色の語源になった。いれると緑色になる煎茶や玉露は、枝の先にある若い葉を摘んでつくった貴重品。だから、もともとは殿様や金持ちしか飲めなかった。それが、現代では誰でも飲めるようになり、お茶といえば緑色が当たり前になってしまったのだ。

緑色の信号なのになぜ〝青〟信号？

外国人は、「緑色の信号を青信号と呼ぶのはおかしい」とよく言う。青というのは、空や海の色であって、信号は木の葉の緑色だというわけである。

▼昔の日本人にとって、「青」というのは寒色系の淡い色全体を指すことばで、灰色から水色、緑色、紫色まで広い範囲を指していた。だから、灰色の体色なのに「アオサギ（青鷺）」という鳥がいるし、若葉を「青々とした」「青葉」と表現する。今と比べて社会がシンプルだったので、それで十分に通用したのである。

そうしたことばの伝統や名残があるため、今でも緑から紫にかけての色を日本人は「青」と総称しているのだ。

「真っ赤なウソ」ってどんな嘘？

よく「合コンで知り合った男性が、自分は大金持ちの実業家だと自慢していたけれど、それは真っ赤なウソだった」などという言い方をするけれど、「嘘」が「赤い」とはどういうこと？

▼「赤い（あかい）」は「明るい（あかるい）」に由来しており、「黒い（くろい）」が「暗い（くらい）」に由来しているのと対比することができる。つまり、「赤い」ということばの中に、「明るい」や「明らか」という意味が含まれている。「真っ赤なウソ」というのは、「明らかなウソ」「疑いようのない、まったくのウソ」ということを意味している。

「くもりがち」は言うのに、なぜ「晴れがち」は言わないの？

「今週はくもりがちの天気が続くでしょう」というと、「今週はくもりの日が多いんだ」とわかる。同じように「雨がちの天気」とも言うけれど、「晴れがち」とは言わない。なぜ？

▼「～がち」ということばは、マイナスのイメージを持つものにつく。だから、「くもりがち」「雨がち」のほかに、「病気がち」「給料が遅れがち」などの用法がある。「晴れがち」「元気がち」とは言わない。

もともとは「勝ち」に由来していて、「くもりがち」といえば「晴れよりもくもりが勝っている」、「病気がち」といえば「元気であるよりも病気のほうが勝っている」という意味が含まれている。

「明日は雨模様です」の「雨模様」ってどんな模様？

天気予報で、「関東地方は雨模様です」ということばを聞いたことがあるだろう。雨模様とは、いったいどんな模様なのか？

▼もともとは、「雨もよい（あめもよい／あまもよい）」から変化した。古語の「もよひ」は用意・準備するという意味のため、「雨になる準備がされている」、つまり「雨が降りそう」な様子を「雨もよい」と言うようになったと考えられる。

最近では「雨が降っている様子」にも使われるようになり、意味があいまいになってしまったため、天気予報では使用されなくなった。

「仰げば尊し」の歌にある「今こそわかれめ」ってどういう意味？

卒業式でよく歌われた「仰げば尊し」の一番の終わりに、「今こそわかれめ、いざさらば」という一節がある。あの「わかれめ」を「分かれ目」だと思っている人が多いが……。

▼「今こそ」の「こそ」がポイント。「こそ」が文中に出てくると、文末が已然形《いぜん》になるという「係り結び」の法則を覚えているだろうか。

文末の「め」は、終止形では「む」。「ん」と発音されるようになって、現代でも「いざ、行かん」というように使われる。意志を示す助動詞で、「む」が係り結びの法則によって已然形の「め」になった。

だから、「今こそ別れようじゃないか」というのが本当の意味。

一人でもなぜ「友だち」？一人でもなぜ「子ども」？

「～たち」「～ども」というのは、複数を示すことばだと思うんだけど、一人でも「友だち」や「子ども」と使うのはなぜ？

確かに、「若者たち」「野郎ども」というように、「～たち」「～ども」は複数であることを示すときに使う。「友だち」「子ども」も、それぞれ「友」「子」の複数を表していたが、いつしか単数で使われるようになった。

そのため、複数であることを強調しようとすると、「子どもたち」あるいは「子どもら」と言わなくてはならない。これはおかしいのではないかという人もいるが、ことばというものは、そうして変化してきたのだからしかたがない。でも、「友だちたち」はさすがにちょっと変。「友人たち」と言い換えるのがいいだろう。

なぜ「こんにちわ」ではなく「こんにちは」と書くの？

日本語を勉強している外国人がビジネスメールで「こんにちわ」と書いた。「こんにちは」と正しい日本語に直したが、そもそもなぜ、こんな書き方をするのか説明できますか？

▼こうしたあいさつのことばは、「今日《こんにち》は、よいお天気で……」「今晩《こんばん》は、過ごしやすくて……」といった長いあいさつの冒頭部分が残ったもの。だから、「こんにちは」「こんばんは」と書くのが本来は正しい。

ただし、冒頭部分が残ったという意識が薄れてきて、独立したことばとして考えられるようになれば、やがては、音だけをもとにした「こんにちわ」になるかもしれない。実際に、くだけた言い方になると、「こんちは」よりも、むしろ「こんちわ」のほうがしっくりくる。

「いても立ってもいられない」って、「いる」と「立つ」の対比が変じゃない？

落ち着かない様子を示す「いても立ってもいられない」ということばだけど、「いること もできない、立つこともできない」ということは、「いなくなるか、座るかしかない」と いうこと？　二つの対比が変じゃない？

▼この「いる」というのは漢字で書くと「居る」になり、古語では「座る」という意味で使われていた。つまり、この全体は「座っていることも、立っていることもできない」という意味になる。そう考えてみれば、「じっとしていられない」様子がよく理解できるだろう。

ことば力チェッククイズ

Q13

「願わくば」と「願わくは」のどっちが正しい？

「できればそうあってほしい」という意味で、年賀状に書くとき、正しいほうを○で囲んでください。

願わくば
願わくは
今年一年平和でありますように

A13 「願わくは」

もともとは「願わくは」が正しい。これは、「願う」という動詞に「く」が付いて「願うこと」という名詞になり、それに助詞の「は」が付いたもの。つまり、「願うことは」という意味で、漢文訓読によく使われた用法。

ところが、日常生活で漢文訓読が身近でなくなると、いつしか助詞の「は」が濁るようになってきた。おそらく、仮定の話をするときに使われる用法のため、仮定を示す助詞の「ば」と混同されるようになったのだろう。

漢字の選び方 編

日本人が間違いやすい漢字の使い分けをはじめ、

「なぜ、こう書くの？」「どうして、この字を組み合わせるの？」

といった漢字や熟語をめぐる疑問を取り上げました。

ここで紹介した意外な由来や成り立ちをおさえておけば、
正しい漢字を選ぶうえで、きっと役立つはずです。

第5章

これでスッキリ！
間違いやすい漢字の使い分け

「影」と「陰」はどう違う？

訓読みではどちらも「かげ」と読むけれど、漢字の「影」と「陰」には違いがあるの？

▼「陰」という漢字は太陽が雲におおわれる様子を表しており、何かに光がさえぎられた「日の当たらないところ」を指す。「影」はそれに加えて、人や物に日が当たったときに、その裏側の暗い部分にも使う。そこから、「外面に現れない中身」「まぼろし（幻影）」「おもかげ（面影）」、さらに形そのものとして「人影」のような意味に広がっていった。

陰

影

「町」と「街」はどう違う？

「町」と「街」は、どちらも訓読みは「まち」で区別がつきにくいけど、意味に違いはあるの？

▼日本語でははっきりとした区別はないが、漢字の起源から考えるとニュアンスがやや違う。「町」は、「田」があることからわかるように、田んぼの区画がもとになって、人が集まる場所を指している。「街」は、「街路」ということばからもわかるように、中央の「圭」が交差点を示していることから、道路を中心に町（街）ができていくイメージ。

町

街

「川」と「河」はどう違う？

同じ流れる「かわ」でも、「川」と書いたり「河」と書いたりするけれども、どこが違うの？

▼「川」は小学校でも習うように、水が流れている様子を表す象形文字。これに対して「河」は、古くは「黄河」を指していた。つまり、「河」といえば黄河のことだったわけ（ちなみに、「江」といえば長江＝揚子江だった）。やがて、大きな川を一般的に「河」と呼ぶようになったために、ほかの河と区別するために「黄河」と呼ばれるようになった。

川

河
大きい〜
河＝黄河だったんじゃ

「越」と「超」はどう違う？

「越（える）」と「超（える）」は、訓読みが同じだけじゃなくて、字の形も似ているし意味も似ている。どう違うの？

▼2つの字の違いは、「戉」と「召」の部分。古代中国では、「戉」の読みは「遠」に通じるので、遠くのほうに越えていくイメージがある。それに対して「召」の読みは「跳」に通じるので、上のほうに高く超えるイメージがあるという。日本語でもその意味が多少残っているのか、能力や機能などの抽象的な意味では「超」を使うことが多い。

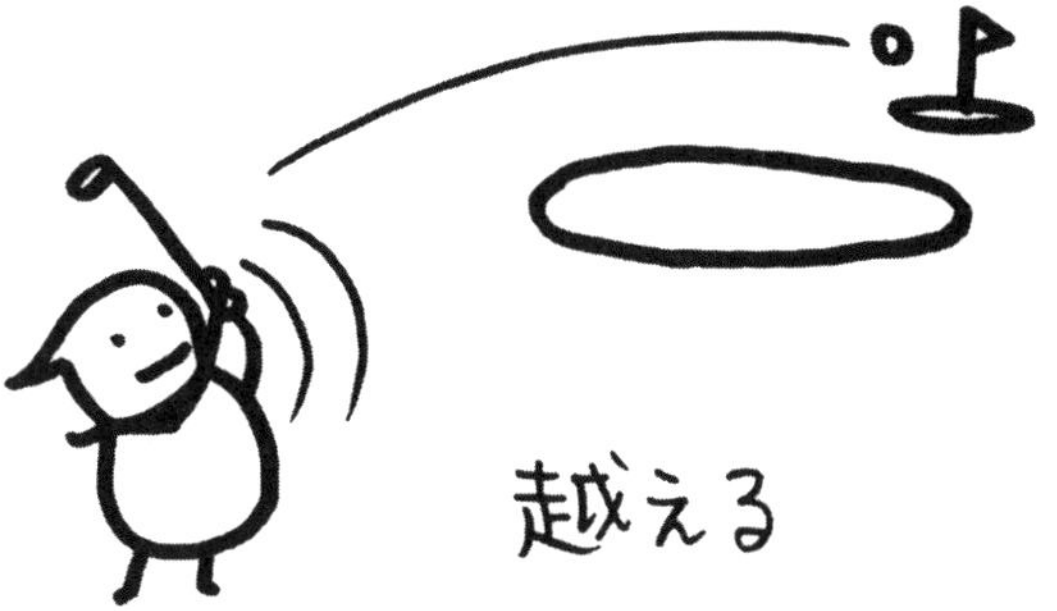
越える

超える

「元日」と「元旦」はどう違う？

「元日」と「元旦」はどちらも1月1日のことだと思っていたけれど、どこか違いがあるの？

▼「元日」は1月1日のことだが、「元旦」は元日の朝のこと。これは、「日」と「旦」の字の起源を考えてもわかる。「日」は太陽をかたどった象形文字であることはよく知られている。これに対して、「旦」の下の横棒は地平線や水平線。そこから太陽が顔を出しているのだから、朝を示すことがわかる。「旦暮《たんぼ》」という熟語は、朝と夕暮れという意味。ただし、雲を破って太陽が出てくる様子を示しているという説もある。

元日
1月
1

元旦
元日の
朝限定！

「呆然」と「茫然」はどう違う?

「呆然」と「茫然」は同じ読みだけど、意味は違うの?

▼「呆然」は、「あきれる、おろか」という意味の「呆」が使われていることからもわかるように、「思わぬ出来事に出合って、あきれはてている様子」「気抜けしてぼんやりとしている様子」のことで、人間の様子に使われる。それに対して、「茫」という字は「遠くはるかに広がる様子」「とりとめなくぼんやりしている様子」で、主に風景や雰囲気に使うことが多い。

ただし、共通点もあるために混同して使われることも多い。とくに、「呆」という字の悪いイメージを避けて、人間の様子にも「茫然」を使うことが最近では増えてきた。

呆然
あ・・・

范然
・・・。

「目」と「眼」はどう違う？

同じ「め」を指す漢字に、「目」と「眼」の2つがあるけれど、これはどう使い分けられているの？

▼ものを見る器官の「め」という意味では、どちらも同じように使われている。ただし、専門用語では「眼科」「眼球」「眼孔」など、「眼」を音読みにして「ガン」を使うことが多い。

形の似たものに比喩的に使うときは、日本では「眼」を使わずに「台風の目」「魚の目」などを使うが、中国語ではそれぞれ「台風眼」「鶏眼」というように「眼」を使っている。

眼科
○○眼科クリニック

台風の目

「臣」と「民」はどう違う？

「臣民」ということばがあるけれど、「臣」と「民」はどんな違いがあるの？

▼その由来はまったく違っている。「臣」は、しっかりと目を見開いた様子を表す象形文字で、君主に仕える賢い家来という意味。

一方、「民」は、片目に針を刺した様子を表す象形文字。これは、片目をつぶされた奴隷や被支配民族の人びとを示している。それが、やがて官位のない普通の人を指すようになり、そのまま現在でも一般の庶民を表すようになった。

やりきれないね
臣
しっかりやれ
ギャッ
民

「皮」と「革」はどう違う?

「皮革」ということばもあるように、「皮」と「革」は似たような意味で使われて、どちらも訓読みは「かわ」。どこが違うの?

▼共通して使うこともあるが、一般的に加工していないものや動物・人間の体表についているのが「皮」、加工したものや動物からはがした状態のものが「革」という使い分けがある。どちらも象形文字で、「皮」は動物の皮を手ではぎとる様子を、「革」は頭から尾までをはいで広げた様子を表している。

皮

革

船の数え方で「隻」と「艘」はどう使い分ける？

船の数を数えるときは、「一隻、二隻……」というときと、「一艘、二艘……」というときがあるけれど、どうやって区別するの？

▼一般的に、「隻」を使うのは大きな船。「艘」を使うのは小型の舟と考えておけばよい。ヨットや競艇用のボートなどは「艇」を使う。

ところで、「隻」は、もともと1羽の鳥を手にしている様子を表す漢字だった。転じて、対をなすものの1つという意味に使う。対をなすものが2つ揃っていると「雙」（ソウ＝双）になる。「隻眼」は片目、「雙眼」は両目のこと。「雙」は2羽の鳥を手にしている様子を示している。

隻
艘

気温は「計る」もの？それとも「測る」もの？

気温を「はかる」ときに、「計る」と書くべきか、「測る」と書くべきか。どちらが正しいの？

▼どちらでも間違いではない。「はかる」というのは、もともと「一定の基準によって、ものごとを度合いを調べる」という意味。そこに、漢字の「計」「測」「量」を当てて訓読みをしているわけだ。

さらに「はかる」の意味はそれにとどまらず、「よく考えて見当をつける」「じっくりと考えて決定する」と広がっている。その意味で、「図」「諮」「謀」などの漢字が当てられるようになった。これも語源は同じである。

動詞に限っていうと、このように大和言葉のほうが漢語よりも、一つのことばでより広い意味を持つ場合が多い。

ことば力チェッククイズ

Q14 間違いやすい漢字

正しい漢字を選んでください。

陰 影 ながら応援しています

世代を 越 超 えて愛される

元 日 旦 の朝、晴れて風無し

答え 陰・超・日

第6章

日本人が答えられない漢字の常識

人に話したくなる漢字の成り立ち①

虫じゃないのに、なぜ「蛙《かえる》」は虫へん?

だれが見てもカエルは虫じゃないと思うけれど、なぜ漢字の「蛙」は虫へんなの?

▼現代の分類学とは違っていて、昔の中国では蛙も虫の一種とされていた。動物のうちで、鳥、獣類、魚以外の小動物は、一くくりにして虫の一種としてまとめられていたのだ。だから、蛸(たこ)、蝸牛(かたつむり)、蝦(えび)、蠍(さそり)も虫へん。

「蛙」のつくりの「圭(ケイ)」は、「ケーケー」という蛙の鳴き声に由来している。ちなみに、「蚊」はブンブン(文)と羽音がするから、「鳩」はクークー(九)と鳴くことから生まれたという説がある。

ケ
ケ
はは～ん
蛙、蛙
か…

人に話したくなる漢字の成り立ち②

なぜ、「木」を囲むと「困」る？

「困」という漢字は、くにがまえに「木」が囲まれている形をしているけれど、これは何か意味があるの？

▼木が囲いのなかにあると、のびのびと大きくなることができないことから、「こまる」「むずかしい」という意味が派生したという。また、枠に木をはめて出入りできなくすることから「こまる」という意味が生じたなどという説もある。

人に話したくなる漢字の成り立ち③

「丼」は、なぜ「井」の中に点があるの？

井戸の「井」に似ているけれど、中央に点のあるのが「丼」という漢字。なぜ、これがどんぶり鉢を指すようになった？

▼もともと「井」と「丼」は同じ漢字。歴史的には「丼」のほうが正式の字だった。

日本でもこの2つを同じ字として扱っていたが、近世になって「丼」の字の形を、「井戸」にものが落ちた様子に見立てるようになった。そこで、井戸にものが落ちて「ドブン」という音がすることの連想から、この字を「どんぶり」に当てたというわけ。

あっ落とし
ちゃった…
どぶん

人に話したくなる漢字の成り立ち④

「道」は「首」と関係あるの？

「道」という字は、なぜしんにょうの上に「首」が乗っているの？

▼古代中国では、道というのは邪悪なものが行き来するところと考えられていたために、異民族の「首」を手に持ったり道に埋めたりして、はらい清めたところから、こうした字になったといわれている。

祓いたまえ
清めたまえ

人に話したくなる漢字の成り立ち⑤

なぜ、「鼻」には自分の「自」が入っているの？

「目」「耳」「口」といえば代表的な象形文字だけど、「鼻」は象形文字にしては複雑すぎるような気がする……。

▼じつは、人間の鼻をかたどったのは「自」という漢字。ところが、自分のことを指すときに、人指し指で鼻先を指さすことから、「自分」を意味するようになった。その代わりに、「自」の下に音を示す「畀」をつけることで、「鼻」という漢字ができた。

＝自
「自」は人間の鼻を表したものなんじゃ
へえー

人に話したくなる漢字の成り立ち⑥

「好」も「嫌」も、どうして女へん？

「好き」や「嫌い」になる対象は、女も男もあるはずなのに、なぜどちらの漢字も女へん？

▼「好」は、「女」＋「子」で若い女性の意味。そこから、「このましい」「すき」「よい」という意味が生まれた。一方、「嫌」の「兼」は、飽きる、倦《う》むという意味。女に飽きる、倦むということから「きらい」という意味が派生した。

女+子
=
このましい~
女+兼
=
飽きたー

人に話したくなる漢字の成り立ち⑦

なぜ「山」＋「鳥」＝「島」になる？

長島さんと長嶋さんのように、シマを「嶋」と書いたり「島」と書いたりするけれど、なぜ「山」と「鳥」が合わさって「島」になるの？

▼もともと、「山」の上に「鳥」がとまっている様子を表す漢字「㠀」だった。海で渡り鳥がとまる山（岩礁）だから「島」というわけ。だから、「㠀」「嶋」「嶌」は同じ字。「㠀」の「灬」を省略して、現在の「島」という漢字になった。

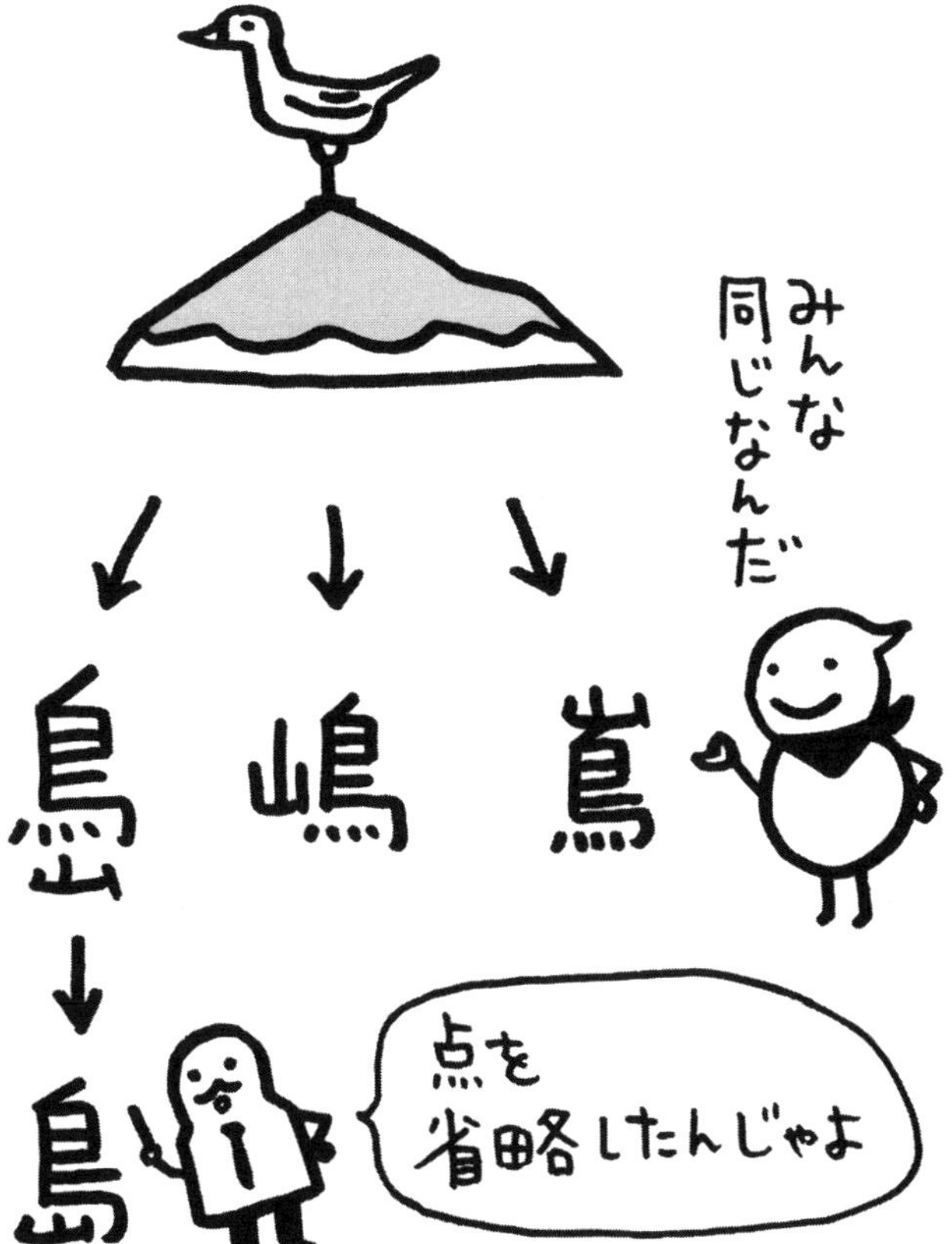
みんな
同じなんだ
鳥
嶋
嶌
島
点を
省略したんじゃよ

人に話したくなる漢字の成り立ち⑧

「雷」は、なぜ雨の下に田んぼと書くの？

「雷」という漢字は、雨かんむりの下に「田」を書くということは、田んぼと雷は何か関係があるの？

▼確かに日本では、「いなづま」（稲妻）というように、稲の実りと雷は関係があると考えられていた。だが、漢字の「雷」は、それとは関係なく、もともとは雨かんむりの下に「畾」（田が3つ）を書いていた。「畾《らい》」は重なるという意味。稲妻の形が、直線を何本も重ねたようなギザギザの形で走るために、このような字となったようだ。

靁
田が3つ
「かさなる」という
意味なんだ!!

人に話したくなる漢字の成り立ち⑨

なぜ、けものへんに虫で「独」りなの？

「独」という字は、けものへんに「虫」だけど、いったいけもの（獣）なの、虫なの？

「独」の旧字は「獨」で、やはり「虫」という字は入っている。旧字のつくりの「蜀」はイモムシという説や、雄のけものという説がある。それにけものへんがついた「獨」は、獰猛《どうもう》なけもの（とくに犬）を指すといわれる。

そうした雄のけものは単独で行動することが多いために、「ひとり」という意味を表すようになった。

ひとりだ……
旧字体
獨
＝
オスのけもの
ガルルル
なんだよ

人に話したくなる漢字の成り立ち⑩

なぜ「法」はさんずい？　水と関係があるの？

「法律」の「法」という漢字は、なぜさんずいがついている？　水と関係があるの？

▼古代中国の裁判の制度に関係しているという。裁判の白黒をつけるために、羊や牛に似た「廌」（カイチ）と呼ばれる2匹の霊獣を争わせて勝負をつけ、負けたほうの霊獣は革袋に詰めて水に流し去られてしまったためといわれている。ほかにも説がある。

勝ち
敗け

じゃあ、なぜ動物じゃないのに「虹」は虫へん?

カエルやタコが虫へんなのはわかったけれど、じゃあ「虹」はなぜ虫へん?

▼虹は、その形から古代中国では蛇や龍のたぐいと考えられていた。そのために虫へんの文字となっているのだ。ちなみに、天気の具合によって二重の虹が見えることがあるが、濃いほうが雄の「虹」(音読みはコウ)、薄いほうが雌で「蜺」や「霓」(どちらも音読みはゲイ)とも呼ばれていた。

ことば力チェッククイズ

Q15

基本の慣用句

次の慣用句の□に入る漢字を答えてください。

一寸の□にも五分の魂
□を見て森を見ず
□の中の蛙
小□をふくらませる
蛇の□は蛇

答え 虫・木・井・鼻・道

なぜ「毒」という字の中に「母」がある？

「毒」という漢字をよく見ると、「母」が含まれていることに気がついた。これはどういうこと？

▼もともとは、女性が厚化粧して飾り物をごちゃごちゃ身につけている様子を示す文字だった。それが、目の毒で人を害するというイメージから、やがて毒薬の意味にもなったといわれる。ちなみに、日本では「毋」でなく「母」を使っているが、中国では「毋」を使うほうが正しい字とされている。

ごちゃごちゃ〜〜
毒

「森」は「林」より木が多い場所？

「木」が2本で「林」、3本で「森」。森は林より木が多い場所を示すのだと思っていたら、木が生い茂っているジャングルを「密林」、木が多くなくても「鎮守の森」「憩いの森」と呼ぶのはなぜ？

▼「森」は、もともとたくさん木が茂っている「様子」を表す漢字であって、木が茂っている「場所」を表すことばではなかった。転じて、木に限らず「ものが多い様子」を示すようになった。

日本語でいう「森」は、中国語では「樹林」というのが一般的だったが、現代中国では日本と同じ意味でも「森」を使うようになった。

多いなー

人に話したくなる漢字の成り立ち⑭

「医」は、なぜ「矢」が囲まれている？

「医」という字は、はこがまえの中に「矢」が入っている。なぜ、医学に「矢」が関係あるの？

▼医学がまじないだった時代を反映している。旧字は「醫」で、左上の部分をとったのが現在の「医」という漢字。これは、病魔を遠ざけるために、矢をまじないの道具として使っていたことに由来している。ちなみに、旧字の下の部分にある「酉」は酒の器のこと。まじないには酒も使っていたのだ。

病魔退散
ヒック

なぜ、口の中に口で「回」る？

「回」という字は、口の中に口が入っているけれど、なぜこれで「まわる」という意味になる？

▼もの（とくに水）がくるくると旋回している様子を表す漢字。古代中国では渦巻きのように表記していることもあった。

まわる〜
まわる〜

人に話したくなる漢字の成り立ち⑯

結婚の「婚」のつくりは、なぜ黄昏《たそがれ》の「昏」？

「婚礼」「結婚」など、「婚」の字はめでたいはずなのに、なぜつくりに「黄昏」「昏倒《こんとう》」「昏睡《こんすい》」の「昏」を使う？

▼「昏」という漢字自体に悪いイメージがあるわけではない。「夕暮れ」「暗い」という意味の字。もともと、多くの国で結婚式（嫁入り）は暗くなってからはじめたもの。夕暮れになってから宴会をはじめたり、花嫁を家から連れて帰るといったことが行われていたため。

婚
日
=
日暮れ

人に話したくなる漢字の成り立ち⑰

なぜ「特」は牛へん？　牛と関係あるの？

「特別」の「特」という漢字は牛へんだけど、牛と何か関係があるの？

▼「特」という漢字は、もともと雄牛を意味していた。「たくましい雄牛」という意味が転じて、抜きんでている、優れているという意味になり、ほかとは違う「特別」「特殊」という意味になった。

こいつは
特別だ!!

人に話したくなる漢字の成り立ち⑱

「鼻を干す」と、なぜ「鼾《いびき》」になる？

「鼾」という漢字は、「鼻を干す」と書く。鼻はわかるけど、なぜ「干す」なの？

▼つくりの「干」（カン）は、いびきの音を示しているという説が有力。おそらく、いびきや寝息の「カー」という声からとったと考えられる。一方で、「干」には削るという意味があるので、鼻を削るような音を出すということで、いびきの意味になったという説もある。

いびきの音は干《カン》がピッタリじゃ
カー
カー

人に話したくなる漢字の成り立ち⑲

「芸」は草と関係あるの?

「芸術」「芸能」の「芸」という漢字は、草とはあまり関係ないように思えるけれども、なぜ草かんむりなの?

▼「芸」の正字である「藝」という字は「木を植える」という意味。だから、訓読みも「うえる」。「芸能」「芸術」など、元来の「芸」というのは、古代中国において植樹と関係が深い政治的、神事的な行為だったから、草かんむりがついている。

藝
云
神事的な
行為じゃ

「魚」3匹、「鹿」3頭、「羊」3頭で、一番臭いのはどれ？

漢和辞典を見ていたら、魚を3つ重ねた「鱻」、鹿を3つ重ねた「麤」、羊を3つ重ねた「羴」という漢字があったけれど、それぞれどんな意味？

▼「魚」が3つで「ギョギョギョ……」ではなく、「鱻」（セン）はもともと新しい魚の臭いを指し、それが新鮮な様子を示すようになった。「鹿」が3つの「麤」（ソ）は「粗い」という意味。鹿の群れは、羊と違って密集することがないので、粗いという意味になった。羊が3つの「羴」（セン）は、羊臭いという意味。

羴
セン
これだ
クサッ
悪かっためぇ～

人に話したくなる漢字の成り立ち㉑

女へんの漢字は多い。「女」が二人でも三人でも漢字になる？

「女が三人寄れば姦《かしま》しい」というように、「女」が3つで「姦」。2つで「奻」という漢字はある？

▼漢字の世界は、数で見れば間違いなく女性上位。「女」を部首にした漢字は数多いが、「男」が入っている漢字は「甥」「舅」などごくわずか。もっとも、必ずしもいい意味で使われているわけではない。女3つの「姦」は「よこしま」、女2つ「奻」は「いさかう」という意味になる。お断りしておきますが、あくまでも古代中国人の発想です……。

ことば力チェッククイズ

Q16 間違いやすい慣用句

次の表現に漢字の間違いが1つあります。正しい漢字に直してください。

①舌の先の乾かぬうちに
②目鼻が利く
③鼻にもかけない
④頭をかしげる
⑤怒り心頭に達する

答え ①先→根 ②鼻→端 ③鼻→歯牙 ④頭→首 ⑤達→発

教養が試される漢字の疑問①

「柿落《こけら》とし」の「柿」は「かき」ではないって知ってた？

劇場の「柿（こけら）落とし」ということばがあるけれど、「柿（かき）」の字とそっくり。同じ字ではないの？

▼「柿」（こけら）とは材木を削ったくずのこと。建物の工事の最後に、屋根の削り屑を払い落としたことから、初興行を「柿落とし」というようになった。

「柿」（こけら）の字は、つくりの縦棒が一直線に貫かれている。「柿」（かき）の字のつくりは、上に点を打ってから横棒を書き、巾を書く。ただし、中国の辞書にも両者を同じとするものもあり、現在のＪＩＳ規格では同じ形の字として扱われている。

柿とは
材木を削った
くずのこと
だったんだ
柿
こけら

教養が試される漢字の疑問②

なぜ、肺や腕の部首は「つきへん」ではなく「にくづき」なの？

「肺」「臓」「腕」「肥」など、へんに「月」を書くと「にくづき」といって体に関係ある漢字が多いけれど、なぜ「月」と「肉」が関係あるの？

▼「にくづき」の「月」は、お月様の「月」ではなく、もともと肉を表す象形文字が崩れたもの。動物の肉片に二本の筋がはいった姿を描いている。

なお、同じ形の「月」が部首でも、「期」「朗」「朝」の部首は、「つき」または「つきへん」と呼び、別物なので注意したい。

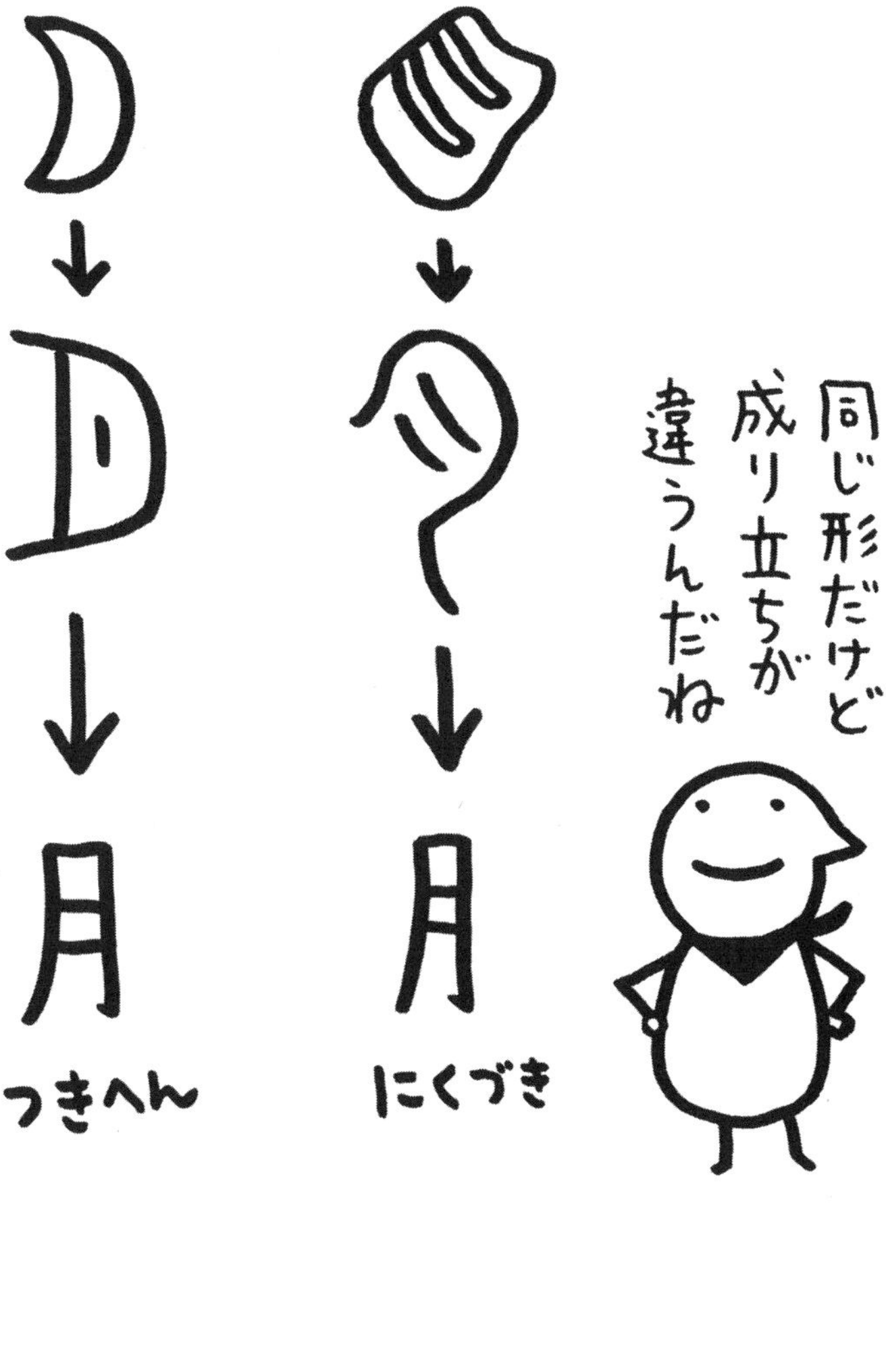
同じ形だけど
成り立ちが
違うんだね
つきへん
にくづき

教養が試される漢字の疑問③

中国では「鮎」はナマズのことってホント？

中国から来た知人と行った居酒屋で、鮎《あゆ》の塩焼きを注文したら、出てきたものを見て「これは違う！」と驚いていたが、なぜ？

▼獣や魚を示す漢字は、中国と日本とで違うことが多い。たとえば、中国語では「猪」は「ブタ」を指し、「鮎（あゆ）」は鯰（ナマズ）のこと。もっとも、鯰は見た目こそグロテスクだけど、身は白身で淡白な味がおいしい。一方、中国語で鮎のことは「香魚」と書く。

鮎です

教養が試される漢字の疑問④

拉麺（ラーメン）の「拉」は、なぜ拉致の拉なの？

大好物のラーメンの「拉麺」という漢字に、「拉致」の「拉」が使われているのは、違和感があるんですが……。

▼「拉《ら》」という漢字は、もともと「押しつぶす、引っ張る」という意味があるために、麺を扱う様子にたとえられた。また、「引っ張って連れて行く」という意味が派生して、「拉致」ということばに使われるようになった。

拉は「押しつぶす」とか「引っ張る」という意味

教養が試される漢字の疑問⑤

憂鬱の「鬱」って、なぜあんなややこしい字なの？

「憂鬱」ということばは日常語としてよく使うのに、なぜあんなに複雑な字なの？

▼「鬱《うつ》」という漢字は、2本の柱（林）の間で香りの強い草を、ついている様子を表している。そこから、熱気がこもったり、蒸したりする様子に転じて、さらに、気がふさいだり、晴々しない気分を表すようになった。

一方で、「鬱蒼《うっそう》」という熟語にも使われるように、草がこんもりと茂っている様子も表す。

モワーン

教養が試される漢字の疑問⑥

「取」は、なぜ「耳」に「又」と書く？

「取」という字は、なぜ「耳」という字と「又」が組み合わさっているの？

▼「又」の部分は、もともと右手を表していた。つまり、右手で人間や動物の左耳をちぎり取っている様子を示す象形文字。古代中国の習慣で、戦いで討ち取った相手や捕らえた動物の左耳を取って数を記録することからきている。日本にも同様の習慣があって、「耳塚」はそうした耳を供養したもの。

耳=取
耳塚

教養が試される漢字の疑問⑦

「葬」は、なぜ土へんではなく草かんむりなの？

葬式の「葬」という字をよく見ると、「死」が「艹」と「廾」にはさまれている。なんか深い意味がありそうだけど……。

▼「死」の上にある草かんむりと下にある「廾」を合わせて、原野を意味している。つまり、魂の抜けた亡骸《なきがら》を草むらに置いた様子を表すものであり、これは正式な埋葬ではないことを示している。このことから、遺体が風化するのを待って本格的な葬儀をするという、かつて日本にもあった風習が読み取れる。

教養が試される漢字の疑問⑧

「荒」の中には、なぜ「草」と「亡」がある？

「荒」という字をよく見ると、くさかんむりがあったり、「亡」という字があったりして、おどろおどろしいけれど、何を意味しているの？

▼「亡」はまさに死体を表している。そして、下の3本の足のようなものは、髪の毛が残っている様子。そうした死体が打ち捨てられている草むらの状態を示すのが、「荒」という漢字なのだ。

荒
ゾゾー

教養が試される漢字の疑問⑨

なぜ「祝」と「呪」は字が似ている？

「祝（う）」と「呪（う）」はまったく反対の行動だけど、なぜ字の見た目が似ているの？書き間違えると大変なことになるんだけど……。

▼もともと、「祝」という漢字で「いわう」と「のろう」のどちらの意味も表していたため。やがて、「のろう」の意味は「呪」の字で表現するようになった。

「祝」はいわうと
のろうの両方意味した
祝
呪

教養が試される漢字の疑問⑩

帽子や椅子に「子」がつくのはなぜ？

帽子、椅子、冊子のように、下に「子」がつくことばは何？　もともと子ども用だったということ？

▼この「子」は、ものを表す名前に添えられることば（接尾語）。「小さい、かわいい」という意味が加わる。「帽」だけで「頭にかぶるもの」という意味があるが、それに「子」つくことで、大きな頭巾ではなくて、頭にちょこんと乗せるものというイメージが加わる。日本語の方言でいう、「どじょっこ、ふなっこ」「娘っこ」の「こ」のようなもの。

「子」は小さい、かわいいって意味!
ちょこん

「寺」は役所のことだった!?

「寺」という漢字は、「土」と「寸」が組み合わさっているけど、どういう意味が隠されているの?

▼「寸」は手を形どったもので「持つ」という意味。上にある「土」は、ここでは「とどまる」(止)こと。そこで、「法を持って(役人が)駐在する(場所)」という意味から、役所のことを表していた。それが、中国に仏教が伝来した紀元1世紀以降に、現在の寺の意味を指すようになった。

第7章

「絵」で覚える熟語の意味と使い方

「無数」は、数がないはずなのに、なぜ「多数」の意味になる？

「無数」というと数がないから、ゼロじゃないかと思うんだけど、なぜ「たくさん数がある」という意味になる？

▼「無数」というのは「数がない」というのではなく、「数えきれない（ほど多い）」という意味。だから、「天空に無数の星が見える」という使い方をする。似たような意味のことばとして、「無量無数」という四字熟語もある。

無数＝数えきれない・・
カチカチカチ…

「物色」が、なぜものを探すという意味になる？

ものを探すときに「物色する」ということばを使うことがある。あまりいいイメージじゃないけれど、そもそも「物」と「色」の2文字でなぜそんな意味になる？

▼元来は、文字通り、物の色や景色を指すことば。その意味が広がって、姿や形も指すようになり、やがて「姿や形を見極める行動」にも使われた。そこから、「手頃なものを探す行為」にも用いられるようになったのだ。

ほかに、「動物の毛色を見定めて生贄《いけにえ》を選ぶ」という意味のことばだったという説もある。

物ヨシ
色ヨシ、
形ヨシ！
値段ヨシ!!
これで!!
物色中…
¥520
¥2000
¥30000

なぜ、この漢字を組み合わせるのか③

フグは海にいるのに、なぜ「河豚」？

フグは漢字で「河豚」と書くけれど、海の魚じゃなかったっけ？

▼中国では海ではなく河川に生息するフグが一般的であったことから「河」が使われ、それがそのまま日本にも伝わった。

同じ「豚」の字を使う生き物でも、中国では河に棲むのが「河豚」（フグ）、海に棲むのが「海豚」（イルカ）というわかりやすい区別なのだが、日本のフグは海に棲むので話がややこしくなってしまった。もっとも、揚子江には淡水に棲むイルカがいて、これは「河海豚」（カワイルカ）と書くからさらに混乱してしまう。

中国では
河にいた
からだよー

なぜ、この漢字を組み合わせるのか④

「羊羹《ようかん》」には、なぜ羊が出てくる？

羊の肉が入っているわけでもないし、形が羊に似ているわけでもないのに、なぜ羊羹《ようかん》には「羊」の字が使われているの？

▼「羹」は「あつもの」、つまりスープのこと。もともと「羊羹」は羊肉を煮込んだスープだったのだ。これが冷めると、肉に含まれるゼラチンによって固まり、煮こごりのようになる。それにならって、日本の禅僧が精進料理として、羊肉の代わりに小豆を使ってつくったのが和菓子の羊羹のはじまりというわけ。羊の肝臓に似せた中国の菓子「羊肝餅」が起源だという説もある。

昔は羊のスープ(あつもの)だった!?

「金に糸目をつけない」の「糸目」って何？

「金に糸目をつけない」というと、制限なくお金を使うことだけど、いったいこの「糸目」とは何？

▼もともと「糸目」というのは、空に揚げた凧のバランスをとるために、凧の面につける何本かの糸のこと。糸目のついていない凧はバランスが悪く、うまくコントロールできないから、勝手にどこかに飛んでいってしまう。そんな様子から、「金に糸目をつけない」というのは勝手きままにお金を使う様子を指すようになった。

糸目をつければ勝手に飛んでいかないよ
待って!

なぜ、この漢字を組み合わせるのか⑥

顔が青ざめてしまうのに、なぜ「赤貧」？

とても貧乏な様子を「赤貧」というけれど、なぜ「赤」なの？　むしろエネルギッシュな感じもするけれど？

▼「赤」の字は、色を示すほかに、何一つ余計なものがない様子、すべてを失った様子も意味することがある。現代日本語では、「赤貧」のほかに「赤裸々」がその意味で使われている。

「赤の他人」「真っ赤なうそ」というのは語源が別。やまとことば（和語）の「あか」が、「あきらか」という意味を含んでいることから、「明らかな他人」「明らかなウソ」という意味で使われてきた。

これが"赤"の状態
何もないよ〜

なぜ、この漢字を組み合わせるのか⑦

「自重する」って、なぜ「自分の重さ」と書くの？

子どものとき、「自重」という字を見て自分の体重のことかと思ったんだけど、そうじゃなかった……。

▼ここでいう「重」は、具体的な重さをいっているのではなく「重んじる」という意味。だから、「自重」と書いて「自らを重んじる」、要するに「品性を保つ」という意味になるわけだ。ちなみに、トラックや鉄道貨車で、荷物・貨物を積んでいないときの重さのことも「自重」と書くが、これは「じじゅう」と読む。

「重さ」じゃなく「重んじる」ことじゃ！
ちがうの？

なぜ、この漢字を組み合わせるのか⑧

「人の間（人間）」が、なぜ「人」のことを示す？

「人間」というのは「人の間」という意味だけど、なぜそれが「人」の意味で使われているの？

▼「人間」は、もともと「世の中、俗世間」という意味で、唐の詩人・李白の有名な「山中問答詩」にも出てくる。のちに仏教用語として日本に伝わり、江戸時代になって「人」の意味でも使われるようになった。「世の中」の意味では、「じんかん」と読むのが一般的。

人間《じんかん》
＝
世の中
もともとは俗世間という意味なんじゃ

「着服」は、なぜ「服を着る」と書くの？

日本語学習中の外国人に、「着服は単に服を着ることじゃないんですか？」と聞かれたけれど、言われてみれば確かに不思議な熟語……。

▼「着服」が「他人の金品を勝手に自分のものにすること」という意味で使われるのは、日本のオリジナルで、中国人には通じない。語源として、「他人のものを自分の服の懐に入れるから」「自分の服を着るのと同じように、他人のものを自分のものにしてしまうから」などの説もあるが、はっきりとはわかっていない。

あっ
着服

嫁が転ぶと、なぜ「転嫁」？

責任を「転嫁」するという言い方があるけれど、なぜ「嫁が転ぶ」「嫁を転がす」ことで「転嫁」という意味になるの？

▼「嫁」という字は、夫の家に「とつぐ」「嫁入りする」という意味のほかに、「ほかのところにやる」という連想からか、「なすりつける」という意味がある。「転」にも「転勤」「転居」のように、「ほかに行く、やる」という意味があるので、この2つの字が重なってできた熟語が「ほかになすりつける」という意味になったと考えられる。

全部あの人のせいです
転じて
嫁する(よそへやる)

なぜ、この漢字を組み合わせるのか⑪

「図星を指す」の「図星」って、どんな星?

相手の心の中を言い当てることを「図星を指す」というけれど、この「図星」ってどんな星のこと?

▼「図星」とは、弓の的の中央にある黒い丸の部分。まんまんなかを射抜くことから、相手の心の中心にあることがらを言い当てることにたとえる。

〇〇ちゃんが好きなんじゃろ?
図星!!

建物の完成を「落成」と呼ぶのはなぜ？

「落成」というと、できあがるというよりも、できたものが落ちてしまうようなイメージだけど、なぜ「完成」や「竣工」と同じ意味で使うの？

▼「落」という漢字には「おちる」のほかに、「ものを制作して、それが完成したときに行う儀式」という意味がある。実際に、中国の古典『詩経』には、建物ができあがると宴会を開いて、酒や食べ物を屋根から落とす「落」という儀式をしたという記述がある。

できあがったぞ〜
落
ワ
ワ

なぜ、この漢字を組み合わせるのか⑬

火葬を意味する「荼毘《ダビ》」って、なぜ「茶」に似た字が使われている？

亡くなった人を火葬することを「荼毘《ダビ》に付す」というけれど、この「荼毘」は何？

▼仏典を漢語訳するときに、サンスクリット語で「火葬」を意味する「ドゥヤーパヤティ」の音を訳したことば。「荼」は「茶」と似ていて間違いやすいので注意……ということまではよくいわれるが、似ているのも当然で、「荼」は「茶」の一種。苦い茶、あるいは毒のある茶を意味している。

dhyāpayati
荼毘!?
毒入り

「指南」はなぜ「南を指す」と書く？

「指南」という熟語は、「南を指す」と書いて、なぜ人を教え導くという意味に使われるの？

▼中国古代で発明された「指南車」が語源。指南車とは車上に人形が置かれた装置で、最初に南の方角を設定しておけば、歯車のからくりによって、どこに移動しても人形が南を向くように作られていた。そこから、人を導いたり教えたりする意味で指南ということばが使われるようになった。

south
あっちだ
指南車
ガラガラ

「独壇場」ってどんな場所？

「デジカメ製品は日本の独壇場だ」という言い方をよくするけれど、「独壇場」ってどんな場所なの？

▼じつは、土へんの「壇」（ダン）じゃなくて、手へんの「擅」（セン）が本来の字で、「どくせんじょう」と読む。「擅」は「ほしいままにする」という意味だから、能力が他を圧倒して独り舞台である様子をいうわけだ。

ほしいままにするぜ
擅
キャ
キャー

なぜ、この漢字を組み合わせるのか⑯

「無病息災」の「息災」の意味は？

「無病息災」ということばがある。「無病」はわかるけれど、「息災」って何？　むしろ災いがふりかかってきそうだけど……。

▼「息」という漢字の意味がポイント。単に「呼吸」の意味だけでなく、「息を休める」「消える」「安らかにさせる」という意味もある。だから、「息災」で「災いを消す」ということ、つまり「無事で過ごす」ことを表すのだ。

これで無事で過ごせるわい
フーッ
災

油を断つことがなぜ「油断」になるの?

「油断」という字を見ると「油を断つ」という意味に読めるけれども、これはなぜ?

▼有力な説は、万葉集にも出てくる日本の古語の「ゆたに(寛に)」が転じたというもの。ゆったり、のんびりしている様子を表すことばで、それが気を緩めることや注意を怠ることにつながったという。また、仏教の教典「涅槃経《ねはんぎょう》」に、ある王が家臣に油の入った鉢を持たせ「油を一滴でもこぼしたら命はないぞ」と命じたという話があり、それに由来するという説もある。

ゆったり(油断)
大敵!!
ウズウズ
グーグー

なぜ、この漢字を組み合わせるのか⑱

「挨拶」って、なんでこう書くの？

あいさつはものすごく日常的な行為なのに、漢字で書くと「挨拶」という非日常的な難しい字になるのはなぜ？

▼じつは、「挨拶」という熟語は日本で生まれた和製漢語の一種。だから、中国人に見せても通じない。

「挨」も「拶」も、「迫る」「押しつける」などの意味がある。そして禅宗では、いわゆる禅問答で相手の修行の度合いを探ることを、「一挨一拶（いちあいいちさつ）」と呼んでいた。つまり、接近戦で押し合いもみあいして、相手のレベルを測るわけだ。これが一般に広がり、相手の様子をうかがったり交流を深めたりすることを、「一挨一拶」を略して「挨拶」と呼ぶようになった。

挨拶？
押す
迫る
できるな
ムッ!? なかなか…

「躑躅（ツツジ）」は花なのに、なぜ足へんばっかりなの？

春たけなわを感じさせる美しいツツジの花。それなのに、なぜ漢字で書くと「躑躅」という色気のない難しい熟語になるの？　しかも草かんむりじゃなく、足へんだし。

▼「躑躅」はテキチョクと読み、「たたずむ」「躊躇する」「行ったり来たりする」という意味。「ツツジ」を表す漢字として使われたのは、羊がこの花を食べるとその毒に当たり、酔ったようによろよろと歩くためといわれる。そのため、当初は「羊躑躅」と書かれていた。現代中国では、ツツジの種類にもよるが、「映山紅」「杜鵑花」などと書くのが一般的。

羊躑《てき》躅《ちょく》
足がヨロヨロ
フラフラ

「牙城」とはどんなお城？

「○○市はライバル社の牙城《がじょう》だ」という言い方をするけれど、なぜ「牙の城」が本拠地や勢力地の意味になるの？

▼「牙城」は、「牙旗《がき》」がひるがえっている城という意味。「牙旗」とは天子や将軍の旗のことで、旗竿の頂きに象牙を据えていることからいう。そこから、「牙城」は本陣や本拠地の意味となり、さらには組織の本社や中枢がある地区、活動が活発な地域にも使われるようになった。

牙旗
行けー

政治家がよく使う「粛々」に上から目線の意味はある？

「粛々《しゅくしゅく》と進めて参ります」という言い方をよく政治家がするけれど、この「粛々」の意味は？

▼「粛」という漢字は、もともと盾に文様をつけることを示し、そこから「厳かに飾る」という意味が派生。やがて、「ひきしまって厳かな様子」「つつしみうやまう様子」を意味するようになった。

その「粛」を2つ重ねた「粛々」も同様の意味だが、最近ではむしろ「周囲の反対を省みることなく強引に推し進める」という方針をスマートに表現できることばとして、政治家が好んで使うようになった。

粛々とおごそかに進める
反対

「敗北」は、どうして「北」なの？

戦いや勝負に負けることを「敗北」というけれど、なぜ「北」なの？　方角と関係ある？

▼「北」という字は、２人が背中合わせになっている形を表したもの。かつては方角とは関係なく「背」の意味を示していた。太陽に「背く」という意味で、南とは反対の方角を指す字として使われるようになった。

「敗北」の「北」には、もともとの「背」の意味が残っていて、相手に背を向けて逃げることを指している。

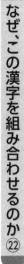

北
背(北)を向けて逃げるな!!
ひえ〜

なぜ、この漢字を組み合わせるのか㉓

「魚貝」じゃなくて、なぜ「魚介」と書くの？

魚や貝全般を指すときに「魚介類」というけれど、なぜ「魚貝類」じゃいけないの？

「介」という字は、前後によろいをまとった人の様子を表す象形文字。そこから、エビやカニなどの甲殻類を指すようになった。現在では「魚介」というと、さらにウニやナマコなども含めた水産物全般を指している。「魚貝」では、甲殻類やウニが含まれなくなってしまうのだ。

小
↓
介
あいつらと
同じだぜ〜
←よろい

「蘊蓄」は垂れる？ 傾ける？

知識を周囲に出すことを「蘊蓄（ウンチク）を垂れる」とか「蘊蓄を傾ける」などというけれど、どちらが正しい？ この熟語はどういう意味？

▼「蘊（薀）」は「積む、たくわえる」という意味、「蓄」も「たくわえる」を意味する。この2つが組み合わさった「蘊蓄」という熟語もまた、「たくわえる」という意味で古くから使われていた。

日本でも「たくわえる」の意味で使われていたが、やがて「研究して蓄えた知識」をもっぱら意味するようになり、その知識や教養を周囲の人に示すことを「蘊蓄を傾ける」というようになった。「蘊蓄を垂れる」「蘊蓄をひけらかす」などの表現は、本来誤用。

ことば力チェッククイズ

Q17 間違いやすい熟語

次の表現に熟語の間違いが1つあります。正しい漢字に直してください。

①時機を得た
②論戦を張る
③印籠を渡す
④厚顔無知
⑤異句同音

答え　①時機→時宜　②論戦→論陣　③印籠→引導　④厚顔無恥　⑤異口同音

使い方・読み方に隠された由来①

「1個」「1箇月」の「個」や「箇」の代わりに、なぜ「ケ」を使う？

「1個」の代わりに「1ケ」、「1箇月」の代わりに「1ケ月」と書くことがあるが、この「ケ」は何？

▼この「ケ」は、「箇」の竹かんむりの片方を抜き出した略字。だから、カタカナの「ケ」とは由来が違う。「ケ」以外にも、以前は「个」という漢字を使っていたこともあった。

ケ
カタカナの「ケ」じゃないよ
←りんご1ケ

使い方・読み方に隠された由来②

「甲・乙・丙・丁」は、なぜ成績や順序に使われる？

「甲乙つけがたい」というように昔の成績表に使われたり、ものごとの順序や契約書の当事者を指すときに使われるのが、甲、乙、丙、丁という漢字。なぜ、この漢字を使うの？

▼これは、干支（十干十二支）の「十干」に当てられている「甲・乙・丙・丁・戊・己・庚・辛・壬・癸」のうちの最初の4つの漢字。「甲・乙・丙・丁」は、日本語の訓読みでは、それぞれ「きのえ・きのと・ひのえ・ひのと」と読む。

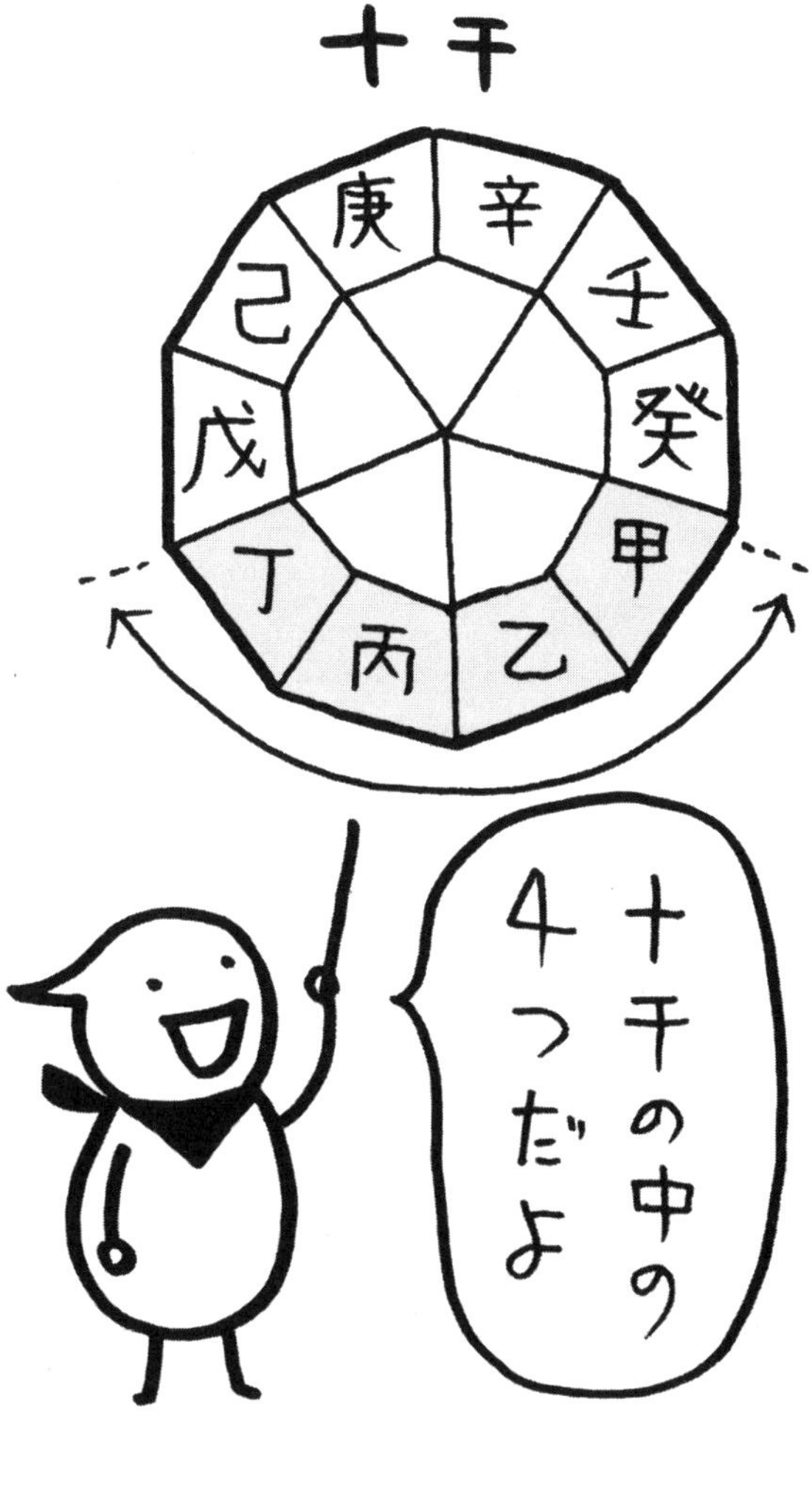
十干
甲
乙
丙
丁
戊
己
庚
辛
壬
癸
十干の中の4つだよ

使い方・読み方に隠された由来③

文書を数えるとき「頁」と書くのはなぜ?

本やパンフレットのページを表すときに、「頁」という漢字を使うことがあるけれど、なぜこんな漢字を使うの?

▼メートルを「米」、グラムを「瓦」と書くのと同じことで、幕末から明治にかけて、外来語の単位を漢字で表すために使われるようになった。もともとは中国大陸で使われていたものを借用した。

1m = 1米

1g = 1瓦

1p = 1頁

なぜ船の名前に「丸」を付けるの？

船の形はけっして丸くはないけれど、なぜその名前に「丸」を付けることが多いの？

▼いろいろな説があるが、「丸」は「まろ（麿、麻呂）」が変化したというのが一般的。まろは、阿倍仲麻呂のように当初は人名に使われていた。これがなまって「丸」となり、「牛若丸」「日吉丸」のような名前も生まれた。さらに、「丸」は刀や愛用品、愛犬の名前にも使われるようになり、船にも使われるようになったらしい。

磨がなまって
丸になったんだね
コロ丸
ワン
五〇丸

使い方・読み方に隠された由来⑤

将棋の駒の「香車」や「桂馬」ってどんな車や馬のこと？

将棋のコマの「香車」や「桂馬」というのがよくわからない。「香りの車」ってどういう意味？

▼将棋の原型は古代インドにあるとされており、駒には「金」「銀」と並んで、貴重なものという意味で香料や香辛料を示す「香」や「桂」が使われたと考えられる。「香」は白檀、伽羅などの香木、「桂」は肉桂、月桂樹などが連想される。

香車
桂馬
貴重なものばかり
白檀
伽羅
肉桂、月桂樹

使い方・読み方に隠された由来⑥

「大丈夫」というのは、人のことを指すの？

「……夫」ということばは、「漁夫」や「凡夫」のように人間を指すことが多いけれど、「大丈夫」も特定の人を指していたの？

▼古代中国で「丈夫」というのは、広く成人男性を指していた。当時の長さの単位の「1丈」が、ちょうど成人男性の背丈くらいだったため。そして、とくに大きくて健康な人を「大丈夫」と呼んでいた。それが日本に伝わり、やがて「とても元気」「間違いない」という意味に転じていった。

おお…
大丈夫!!

使い方・読み方に隠された由来⑦

鍛冶屋の「治」は、なぜさんずいの「治《じ》」じゃないの？

「鍛冶」は「かじ」と読むから、さんずいの「治」を使うのかと思っていたら、にすいの「治」を使うんだとか。「治」は「じ」とは読まないはずなのになぜ？

▼「鍛冶」とは、金属加工を意味する「たんや」という読みの熟語。一方、「かじ」というのは、同じ意味の「金打《かねう》ち」に由来することば。だから、「鍛冶」を「かじ」と読ませるのは当て字（熟字訓）。だから、「冶」を「じ」と読むわけではない。たまたま「治」という漢字が、「じ」という読みの「治」と形が似ていたので間違いやすいのだ。

鍛冶《かじ》は金《かね》打《う》ち
からきた
当て字だよ

使い方・読み方に隠された由来⑧

「春日」と書いて、なぜ「かすが」と読む？

世界遺産の「春日大社」の春日は、なぜ「はるひ」じゃなくて「かすが」と読むの？

▼現在の奈良県にある「かすが」の地に対して、和歌の枕詞に「はるひ(春日)」が使われたため。「春日のかすが」といわれるようになり、やがて「かすが」の地名に「春日」が使われるようになった。地名の「飛鳥」も同様で、「あすか」に「飛ぶ鳥の」という枕詞が使われたため。

サラサラ
この土地の
枕詞
だった

使い方・読み方に隠された由来⑨

「九十九」と書いて、なぜ「つくも」と読む？

九十九島のように、「九十九」と書いて「つくも」と読むことがあるけれど、これはなぜ？

▼一説によると、「つくも」は「つつも」が変化したことばといわれている。「つつ」は足りないという意味であり、「も」は「百」を示す。つまり、「百に足りない」という意味で「九十九」を「つつも」「つくも」というようになったというわけ。また、水辺に生えるツクモという草が枯れてきた様子が、白髪のまじったぼうぼうとした老人の髪を思わせる。そして、「白」という漢字は、「百」の字から上の「一」を引いた形になっているため、百から一を引いた「九十九」をツクモと呼ぶようになったという説もある。

百(も)にひとつで
つくも？
100-1=99

使い方・読み方に隠された由来⑩

「服部」と書いて、なぜ「はっとり」と読む？

「服部」さんという姓は、なぜ「ふくべ」じゃなくて「はっとり」と読むの？

▼古代の「はたおりべ（機織り部）」に由来している。「部」は古代の職能集団を示すことば。つまり、布を織る技能がある集団を指していた。そして、「機織りをして服をつくる」ので、「服部」と書いて、「はたおりべ」→「はとりべ」→「はっとり」と読むようになった。

はたおりべ

↓

服部

参考文献

『基礎日本語』1〜3　森田良行　角川書店
『日本語誤用・慣用小辞典』国広哲弥　講談社現代新書
『語源をつきとめる』堀井令以知　講談社現代新書
『日本語 表と裏』森本哲郎　新潮社
『日本語はいかにつくられたか？』小池清治　筑摩書房
『わかる日本語の教え方』今井幹夫　千駄ケ谷日本語教育研究所
『古語大事典』中田祝夫（編監修）　小学館
『使い方の分かる類語例解辞典』小学館辞典編集部
『琉球語辞典』半田一郎　大学書林
『字通』白川静　平凡社
『漢語林』鎌田正、米山寅太郎　大修館書店
『日本語大辞典』梅棹忠夫、金田一春彦 他　講談社
『日本語源大辞典』前田富祺　小学館
『新明解語源辞典』小松寿雄、鈴木 英夫　三省堂
『大辞林』松村明（監修）　三省堂

※本書は、『「かど」と「すみ」の違いを言えますか？』（小社刊／2014年）、『虫じゃないのになぜ「蛙」は虫へん？』（同／2015年）に新たなイラストと原稿を大幅に加え、改題・再編集したものです。

編者紹介

日本語研究会
よく耳にすることばや表現をとことん追究している日本語研究グループ。日本語教師の経験から得たネタも豊富。
本書は、日本人が意外と知らない似たことばの使い分けから、間違った意味で使っている慣用表現、知っておくと役に立つ由来や語源のポイントを豊富なイラストで解説。「へえ、だからこう言うんだ」と楽しみながらことばを選ぶ力が身につく一冊です。

日本人《にほんじん》の9割《わり》が知《し》らない
「ことばの選《えら》び方《かた》」大全《たいぜん》

2017年12月5日　第1刷

編　　者　日本語研究会《にほんごけんきゅうかい》

発行者　小澤源太郎

責任編集　株式会社プライム涌光
電話　編集部　03(3203)2850

発行所　株式会社青春出版社
東京都新宿区若松町12番1号〒162-0056
振替番号　00190-7-98602
電話　営業部　03(3207)1916

印刷・大日本印刷　　製本・ナショナル製本

万一、落丁、乱丁がありました節は、お取りかえします

ISBN978-4-413-11236-9 C0081

できる大人の大全シリーズ

3行レシピでつくるおつまみ大全《たいぜん》

杵島直美　検見﨑聡美

ISBN978-4-413-11218-5

小さな疑問から心を浄化する!

日本の神様と仏様大全《たいぜん》

三橋健(監修)/ 廣澤隆之(監修)

ISBN978-4-413-11221-5

もう雑談のネタに困らない!

大人の雑学大全《たいぜん》

話題の達人倶楽部[編]

ISBN978-4-413-11229-1

日本人の9割が知らない

「ことばの選び方」大全《たいぜん》

日本語研究会[編]

ISBN978-4-413-11236-9